YouTube「逆転の狼煙」
不遇男《ふぐお》

人生が逆転する不動産投資入門

サラリーマンでもできる家賃年収1億円！

ビジネス社

はじめに

欲をかき立てる情報があふれ返っている

どうも！

「逆転の狼煙《のろし》」、不遇男《ふぐお》です。

え？　**「不遇男って誰だ」**だって？

ということは、あなたはまだ、ユーチューブのビジネス系不動産投資チャンネル「逆転の狼煙」を見たことがないんですね。また２０２３年9月21日に放送された「ダウンタウンＤＸ」にて松本人志さんに「人間かどうかもわからん」と評された不運男を知らないのですね。それなのに不動産投資を始めようとしているなら、不動産会社にカモにされてカモ鍋直行になる可能性大。火あぶりの地獄に片足を突っ込んでいる状態です。

魑魅魍魎《ちみもうりょう》が跋扈《ばっこ》する不動産業界に身ぐるみはがされるどころか、巨額の借金を背負って自己破産する危機が迫りくることでしょう。手持ちのお金さえ渡せば、見逃してもらえる南アフリカやブラジルの**危険エリアのほうがよっぽど安全**です。

これが不遇男です

https://youtube.com/
@user-ly6ju9fs2p

でも、心配いりません。

あなたは本書を手に取ったからです。


あなたはなぜ、不動産投資に興味を持ったのですか？

きっと、人生の先行きに不安を感じたからでしょう。日本経済が世界からブッチギリで取り残される中で、自分や家族の確かな未来を手に入れたいと考えたからではないでしょうか。

しかし、このままサラリーマンを続けて一生懸命働いても、未来は大きくは変わりません。ＮＩＳＡをやったくらいでは焼け石に水です。

本書で詳しく述べていくように**不動産投資こそ最強の資産形成法**だと僕は断言できます。

ただし、本書はあなたの不動産投資の成功を保証するものではありません。

それでも本書を読めば、少なくとも悪徳業者にだまされることはなくなります。ババ抜きのババのような物件をつかまされることもなくなります。

成功は保証しませんが、成功するために必要な**プロ中のプロの実践的な不動産投資手法**を包み隠さずお伝えします。

不動産投資を指南する本はたくさんあります。

美辞麗句を並べてカモを不動産投資に引きずり込もうとする本があふれています。ただし物件を買い、入居者を集め、家賃収入を得るためにプロがやっている実践ノウハウを明らかにした本を私はまだ見たことがありません。

不動産投資をメインテーマにしたユーチューブもほかにあります。

多いのは、再現性があるかわからない大家と名乗る投資家、不動産鑑定士やファイナンシャルプランナー、元銀行員、元エリートサラリーマンといった評論家的な立場で不動産投資を語る人たちです。しかし過去ではなく現在も実践をともなっている人は少ない。

僕は黒い帽子にサングラス、マスク姿という怪しいいで立ちですが、こう見えて現役の不動産会社の社長であり、生粋の営業マンであり、そして自らが投資家でもあります。

何を隠そう僕はほぼ毎月、不動産を買っています。**資産規模、投資総額は20億円**を突破しました。

だからこそ現在進行形で、現場の生の実践的ノウハウをお伝えできるのです。

儲け話が向こうからノコノコ歩いてくることは100%ない!

「不動産投資に失敗した……」

「家賃収入よりローン返済のほうが多く、毎月赤字を垂れ流している……」

「値下がりして売ろうに売れない……」

「逆転の狼煙」には、視聴者さんからのご相談が多数舞い込んできます。

それでは、なぜ不動産投資で失敗する人があとを絶たないのでしょうか?

もったいぶらずに結論を先に言ってしまいます。


「儲け話が向こうからノコノコ歩いてくることは、100%ない」


これに尽きます。

儲かる話をわざわざ赤の他人に教える人がいるでしょうか?

あなたが、もし裏山で金塊を掘り当てたら、近所の人たちに教えるでしょうか?

その物件を買えば絶対に儲かるなら、誰にも言わずにこっそり自分で買って儲けるのが人間というものです。ワンルームマンション経営が儲かるなら、わざわざ小分けにして個人に販売するような面倒なことをせず、開発会社が自社で所有して儲けます。

それでは、なぜ不動産会社はあなたに儲け話を持ってくるのでしょうか？

あなたにとってではなく、**相手側にとっての儲け話**だからです。

「副業であなたも月１００万円稼げます」

ＳＮＳを見ていると、そんな広告が目に飛び込んできます。ひとたび「不動産」「投資」などで検索をかけると、頻繁に儲け話の広告が表示されるようになります。

すると、欲をかき立てられるわけです。

自分にないもの、自分が欲しいもの、自分が願いたいものが情報として入ってくると、ついつい「自分もそうなりたい！」と乗っかってしまうのです。

「億り人になりました！」

というフレーズとともに「ウエーイ」と南の島で美女たちとたわむれている写真を見せられると、自分も同じようになれるのではないかと錯覚してしまう人もいます。その気持ちは僕も痛いほどわかります。

しかし、一度冷静になってください。

犠牲になった人たちの屍《しかばね》の上に成功者がいるというのが世の中の残酷な構造です。

厳しい言い方をすれば、甘い話に乗せられて、不動産投資に手を出して損してしまう人は、屍の上に立って儲けている成功者たちの養分です。漢方の原料である冬虫夏草《とうちゅうかそう》の養分になっている昆虫です。欲にかられて不動産投資する人は、一生懸命頑張って**成功者の養分**になろうとしているのです。

一部、良心的な不動産系ユーチューバーもいます。しかし、世の中にあふれてる不動産投資情報の大半が、錯誤と誤解を招いているのです。

不動産投資は圧倒的に「タイパ」がいい！

投資には、不動産以外にも株やＦＸ、仮想通貨、最近ならＮＦＴ（代替不可能なトークン）などさまざまなものがあります。

それでは、どこに不動産投資のメリットがあるのでしょうか？

株やＦＸの短期売買では、自分がずっと相場に張り付いて値動きを追いかけなければなりません。

ところが、不動産投資は違います。不動産投資はやることも覚えることも多いので参入障壁は意外と高いのですが、いざ物件を購入して運用が軌道に乗れば、よほど突発的なトラブルがない限り、サラリーマンの本業と同等の稼ぎを得るのに10分の1や20分の1の労力で済みます。それだけ**時間対効果、タイムパフォーマンスが高い**のです。

つまり100万円を稼ぐのに、本業なら100の労力が必要だとすれば、不動産投資なら5や10の労力で済むのです。

これが不動産投資の最大の魅力だと思います。

ここで注意してほしいことがあります。それは、**不動産は決して不労所得ではない**ということ。購入した物件によって賃貸経営をしていかなければならないからです。投資というよりも、事業としてとらえたほうが実態に近い。

それでも、不動産投資は本業に比べて明らかに時間対効果が高い。

自分の物件の入居者が家賃を払ってくれることによって、自分の借金を返済してくれるのです。こんなに良い仕組みがほかにあるでしょうか？

不動産投資と富士登山の共通点

ただし、ここだけを聞いて軽い気持ちで不動産投資に手を出すと、かなり高い確率で失敗します。

安定した家賃収入を得られる段階にたどり着くまでの道のりは楽ではないからです。

不動産営業マンは、この長い道のりの**「最後のおいしい部分」**だけを語ります。物件を売って、会社の利益、自分の利益を得るためです。

営業マンが言うことは必ずしも真っ赤なウソではありません。真実も含まれています。しかし、おいしい部分はほんの氷山の一角です。

富士登山を思い浮かべてください。

「富士山の頂上で朝日を見ながら食べるカップ麺は最高においしい！」

これは、きっと真実です。うそではありません。しかし富士山に登るには、体力が必要です。落石があるかもしれません。適切な登山靴や防寒具も必要です。非常食も必携です。人によっては事前にトレーニングも必要です。

こうしたことをすべてすっ飛ばして「頂上に立つ素晴らしさ」だけを伝えているのが営

業マンです。うそではありませんが、夢のような景色は富士登山の最大のハイライトであると同時に、ほんの一場面でしかありません。何の準備もせず、体調も整えず、富士山に登り始めても失敗するだけです。

富士山が世界遺産に指定されて以降、準備せずに富士山に気軽に登ろうとして、途中で体調を壊す人が増えていることが問題視されています。

「富士山、最高！」と言う人が悪いわけでも、ましてや富士山が悪いわけでもありません。原因は、登山中に体調を壊して救助を求める人の準備不足です。

不動産投資も、これとまったく同じ構図です。

逆転の狼煙を上げろ！

「大学受験で失敗して、就活でも失敗して……」

「中小企業の社員じゃ、どうせ大手企業の社員に収入でかなわないよな」

「沈み続ける日本で、このまま豊かな生活ができるのだろうか……」

……でも、今の自分を変えたい！

そんなあなたにこそ、本書を読んでもらいたい。

普通に働くだけで、超エリートの人たちと同じ収入を得て、同じ生活ができるようになるかといえば、可能性は限りなくゼロに近い。超エリートとはスタート地点も環境も能力もすべてが違うからです。

ところが、高給取りの外資系コンサルティング企業に勤めるエリートコンサルタントだろうが、中小企業に勤めているうだつの上がらないサラリーマンだろうが、サングラスにマスクの怪しい不遇男だろうが、同じパフォーマンスを出せるのが不動産投資です。

もちろん、自己資金が大きいほうが有利な面はあります。それでも投資という行動そのものに個人の能力差はほとんど関係ありません。

というのも、不動産投資は**「再現性」の極めて高いビジネス**だからです。再現性とは、同じ条件下で同じことをやれば、誰がやっても同じ結果が得られるということ。

ということは、本書を手にしたあなたにも不動産投資で成功するチャンスが十二分にあるのです。

普通に働いていては覆すことのできないヒエラルキーを逆転させてくれる方法の1つが不動産投資なのです。

不動産投資によって過去に終止符を打ち、逆転の人生を歩むことができるのです。

ただし本書では、あなたが期待するような「こうすれば簡単に儲かる」「自己資金ゼロで始められる」「管理もすべて不動産会社に任せればチャリンチャリンお金が入ってくる」というおいしい話は一切ありません。

僕が本書で提供するのは、どんな投資の情報が自分に寄ってきたとしても、それを取捨選択できる目利き力と判断力を養うための材料と不動産投資で収益を上げ続けるための燃料です。

本物の不動産投資の考え方とノウハウを知れば、そこら中に仕掛けられた罠を見破るのは難しくありません。

せっかく本書を手に取ったからには、不動産投資で成功してほしい。1人でも多くの方にこの事業の本当の魅力を知り、安定した未来を実現してもらいたいのです。

今こそ、逆転しましょう。

はじめに

第1章 こんな不動産投資に気をつけろ！

第2章
なぜ不動産投資はトラブルがあとを絶たないのか？

第3章 不動産投資で失敗しない思考法

第4章
成功する不動産投資の始め方

第5章 お金を生む優良物件の見つけ方、買い付け方

第6章 不良物件をつかまされない賢い選択

おわりに

第1章

こんな不動産投資に気をつけろ！

だましの全部盛り「かぼちゃの馬車事件」

「かぼちゃの馬車事件」をご記憶の方も多いでしょう。

「賃料30年保証、利回り8％」

株式会社スマートデイズのそんなうたい文句を信じて、1億円以上出資して女性向けシェアハウス「かぼちゃの馬車」を建てたオーナーたち。サブリース契約を結んでいたので家賃の支払いが滞り、スマートデイズは破綻しました。

サブリースとは、**不動産会社が物件を一括で借り上げるシステム**。物件管理を丸投げできて、しかもたとえ空室があっても家賃が保証されるというものです。

投資家の手もとに残ったのは、空室だらけのシェアハウスと借金でした。被害者は700人以上といわれています。

かぼちゃの馬車には問題点が山ほどありました。

まず融資。通常、一般のサラリーマンが1億円の融資を受けるのは容易ではありません。**スマートデイズとスルガ銀行の悪の結託**による各種書類の改ざんが常態化していました。

聞いた話によると、スマートデイズは建築会社から50％ものキックバックを受け取っていたようです。ということは、投資家は50％も割高な建設費を払っていたのです。たとえば建設費の相場が５０００万円だとしたら７５００万円を支払い、２５００万円もぼったくられていました。

そしてサブリース契約です。スマートデイズは賃料30年保証をうたっていました。しかし実態は空室だらけだったことから、新たな投資家の資金を先に建てた顧客の家賃にまわす自転車操業でした。

なぜ、これほどかぼちゃの馬車の被害者が増えてしまったのでしょうか？

スマートデイズは有名タレントを使って広告を打ち、信用できそうなイメージを広く植え付けていました。

スルガ銀行がバックに付いていることも信用度のアップにつながっています。

そして何より「**放っておいても１００万円入る**」がうたい文句でした。サラリーマン投資家の不労所得欲を刺激していたのです。

かぼちゃの馬車事件は、不動産投資の罠の全部盛りのようなものです。

有名人がすすめていても、信用してはいけません。

銀行ですら信用できません。

のちほど詳しく説明しますが、**サブリース契約は地獄行き確定**です。

ちなみに、かぼちゃの馬車に投資した人たちのほとんどは現場を見に行っていないそうです。1億円～数億円の買い物なのにです。これも不動産投資に失敗する人の典型パターンです。

不動産会社も司法書士もグル！　複数戸を買わせる手口

身の丈を超えた巨額のローンを組んで不動産に投資してしまうケースは、かぼちゃの馬車事件だけに限りません。

サラリーマン投資家の松田さん（仮名）は、新築ワンルーム11戸約5億円を一挙に購入しました。松田さんは大手上場企業の課長で、年収は2000万円以上ありました。サラリーマンとしてはかなりの高収入です。それでも、通常はワンルーム11戸を買うほどの融資を受けられません。

それではどうやって融資を引っ張ってきたのでしょうか？

不動産会社が**時間のマジック**を駆使したのです。

不動産会社から指示されるままに、まず11戸のうち5戸を、翌週に6戸を買いました。2回に分けて購入したのです。このとき、1週間以内に買うというのがミソです。

銀行から融資を受けると、個人信用情報によって全銀行に情報が共有されます。しかし、この情報が登録されるのに1～2週間かかります。

個人信用情報に5戸購入のためのローン情報がアップされたら、残り6戸分のローンは組めない可能性が高い。個人には融資枠があるからです。たとえば、大手企業に勤めていて年収2000万円の松田さんなら、その10倍の2億円まで、といった具合です。

そこで、信用情報に5戸分の借り入れ情報がアップされる前に、次の6戸を買ってしまっているのです。

つまり、松田さんは銀行をあざむいてローンを組んだのです。

松田さんのケースでは、**不動産会社も登記を任せた司法書士もみんなグル**でした。

これは、銀行にバレたらアウトです。それどころか、法令違反の可能性が高い。

それでも、11戸のワンルームが黒字なら問題ないかもしれません。

ところが、11戸すべて赤字を垂れ流しています。

サブリース契約は別名「解約できない奴隷契約」

それでも収入の多い松田さんは、当初はトータルで年間400万〜500万円の節税はできていました。赤字分を節税で補塡《ほてん》できていたのです。ところが、原価償却できるものが少なくなって、節税効果が小さくなってきました。

購入から6年経ち、松田さんはそろそろ売ろうと考えました。

松田さんは購入した不動産会社に対して不信感があったことから、別の不動産会社に売却を相談しました。すると、すぐに11戸の買い手が見つかりました。しかも松田さんが納得できる価格で売却できることになりました。

ところが、売却先との契約寸前になって問題が発生しました。

11戸すべてがサブリース契約だったのです。

毎月の家賃が保証されるサブリースは、一見、オーナーにメリットのあるシステムです。

しかし、実態は「言いなり契約」、もっと言えば「**奴隷《どれい》契約**」です。

というのも借地借家法によって、基本的にオーナーの都合では解約ができないからです。唯一、解除できるタイミングは、所有権移転のとき。ところが、そのときですら不動産会社が解除させてくれないことが多い。


松田さんは不動産会社に「売りたいのでサブリースを外してほしい」と打診しました。するとと不動産会社に、

「何を言っているんだ。何で買ったうちに相談しないんだ。失礼じゃないか！」

とキレられたそうです。どこで売ろうが売り主の自由です。

「うちに査定させろ。うちがどこよりも高く買い取れる」

そう言ってきたそうです。気圧《けお》された松田さんが査定を依頼したところ、なかなかフィードバックがありませんでした。松田さんが催促したら、やっと査定を出してきました。不動産会社は散々高く買うと言っていたのに、提示してきた金額は他社よりも1500万円も安かったそうです。

松田さんは、

「もともと依頼していた会社に売却を頼みます」

と伝えたところ、

「うちに売却を依頼しないなら、サブリース契約は外せない」

と言われました。一般的にサブリースが付いた物件は、買い手に嫌がられます。だから売ろうにも売れないことが多い。売れたとしても、値段を叩かれてしまいます。

松田さんが不動産会社と交渉すると、

「サブリースを解除するなら、2年分の家賃をよこせ」

と言ってきたそうです。**ほとんど嫌がらせ**です。

結局、買い手からは「サブリース契約を外せないなら買わない」と拒否されてしまいました。

実は、僕もかつてサブリースがらみで嫌がらせをされたことがあります。所有していたサブリース付きのアパートを売却しようとしたところ、「サブリースを解除するなら、入

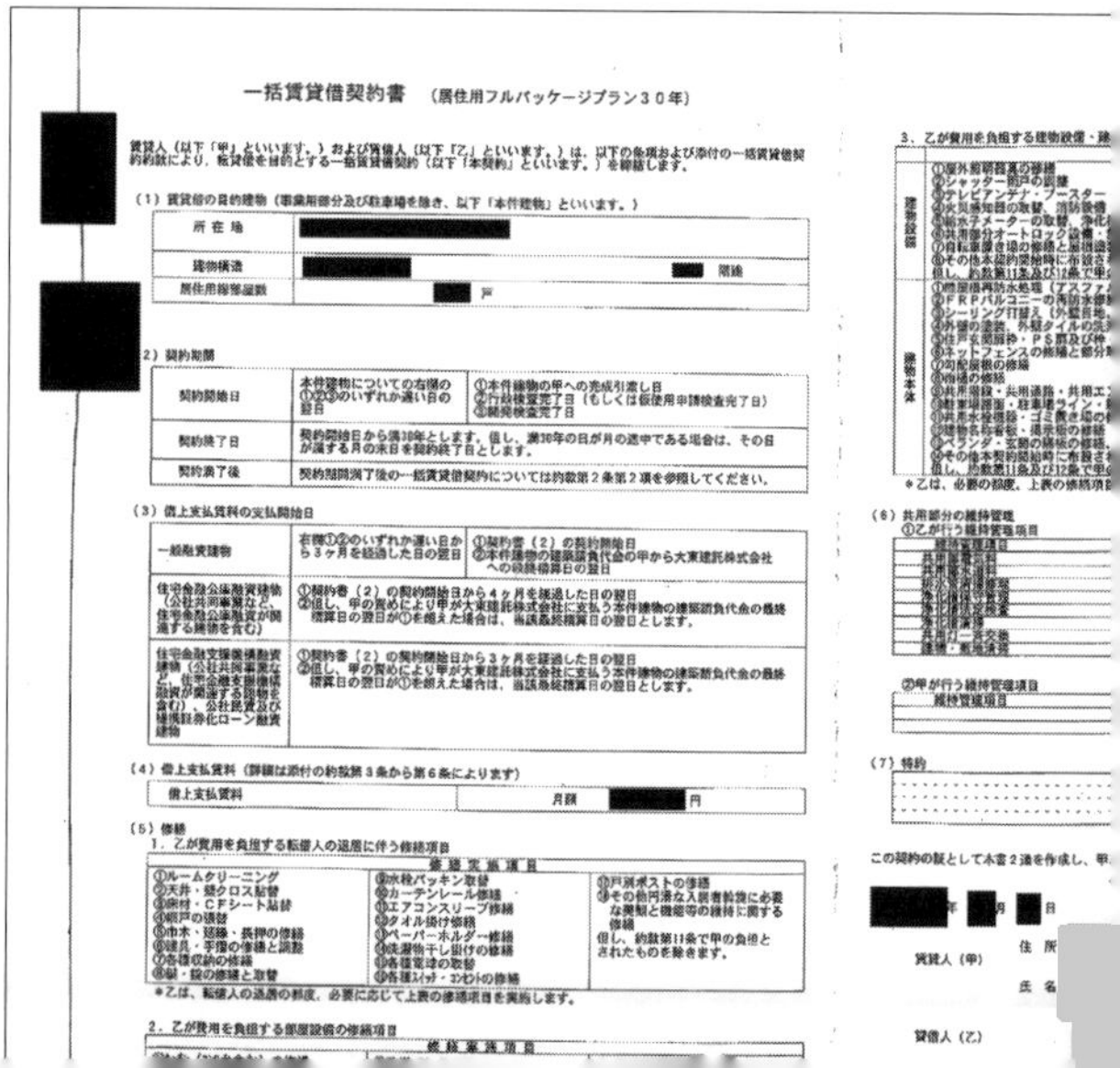

悪魔の契約サブリース契約書の一例

居者全員に別の物件に移ってもらう」と言われたのです。そんな嫌がらせをして、誰が得するのでしょうか？　サブリース契約だと、こんな嫌がらせをされるということを身をもって思い知らされました。

「家賃保証で安心です」の真っ赤なウソ

サブリースでは、家賃が保証されるのが大きなメリットとされています。

ところが保証されているはずの家賃は、数年ごとに補填家賃の見直しが入り、不動産会社が勝手に減らしていきます。**「言いなり契約」**だからです。

たとえばアパートを建てたとき、「月30万円保証します！」と約束されたとします。最初の1～2年はいいのです。ところが5年、10年経って築古物件になってくると、入居者を集めにくくなります。空室が増えてくると、不動産会社は家賃を保証するのが大変になってくるのです。

すると「家賃30万でしたけど、来月から25万になります」と一方的に通告されます。

「そんなの困ります」

「そうですか、じゃあもう保証しません」

「いや、空室がこんなに出てるのに。それなら契約を解除します」

「できません」

となって、**大家は身動きが取れなくなるというトラブル**がそこら中にあるのです。

実際に、サブリースがらみの訴訟は全国で多発しています。

不動産業者は「家賃保証だから安心です」「あなたは何もやらなくても家賃だけ振り込まれます」と、サブリース契約をすすめてきます。

それでは、なぜ不動産業者はサブリースをすすめるのでしょうか？

自分たちが儲かるからです。

営業マンは「Ｗｉｎ-Ｗｉｎですから」と言うかもしれません。当たり前です。「私がＷｉｎであなたがＬｏｓｅです」なんて口が裂けても言いません。

「松田さんは上場企業にお勤めなので、○○銀行から融資を受けられますよ。金利１％台で借りられます。あなたの属性じゃないと、こういう物件は買えません。でも、入居者が出ていって空室が出るのは心配ですよね？　そうならないように、サブリースの保証も付けてあります。松田さんは何もしないでも家賃が毎月振り込まれますよ。じゃ、このような契約で進めますね」

そう言われたら、断る理由はありません。

むしろ上手く売る営業マンは、感謝されているのです。

「銀行まで紹介してくれて、サブリースも付けてくれて、ありがとうございます」

「いえいえ、これは松田さんが頑張ってこられたから、こういうのを買えるんですよ。選ばれた人です」

そう言われて、うれしくなってしまうのです。

それが**地獄の入り口**だと気づかずに。

満室とだまされて中古1棟アパートを購入して自己破産

僕のところに、毎月30万円の赤字に陥っている秋本さん（仮名）から相談が舞い込みました。50代の秋本さんは上場企業のサラリーマンで、年収は800万円くらいでした。

秋本さんはワンルームと中古1棟マンションを2棟購入したものの、どちらも大赤字だというのです。

ワンルームはなんとか損切りして売れました。ところが1棟マンションはどうにもなりません。

秋本さんによると、1棟マンションは7年ほど前に9900万円で購入したとのこと。利回りは9％で、ローンの金利は4・2％です。調べてみると、この物件は水道代や修繕費などのランニングコストがかさむものでした。ほかにも固定資産税もかかります。諸経費を考えると、当初から利益は望めません。毎月30万円の赤字を垂れ流していました。

よくよく話を聞いてみると、9900万円はローンの総額で、自己資金ゼロ円で購入したと言うのです。


「自己資金ゼロで買えます」


この罠にハマったのです。実際の物件価格は9100万円くらいとのこと。物件価格をローンが上回るオーバーローンで購入していました。

さらに満室で買ったつもりなのに、実は半分しか埋まっていなかったことが購入後にわかりました。半分も空室があったら、銀行は融資してくれません。不動産会社は満室に見せかけて売っていたのです。秋本さんは不動産会社にまんまとだまされていました。

さらに、どうやら不動産会社は、秋本さんの預金通帳を偽造してローンを通していたフシがあります。

最大の問題は、秋本さんはお金がないのに1億円近い物件を買っていること。これもありがちですが、**家族に内緒**で不動産投資していました。

もうどうにもならないので、弁護士に相談して自己破産することを決めました。

「節税になりますよ」の甘い言葉に釣られて赤字600万円！

「節税になりますよ」

「資産形成になりますよ」

営業マンのありがちなセールストークに釣られて、佐藤さん（仮名）は4年前に大阪と京都の新築ワンルームを2戸同時に購入しました。佐藤さんは神奈川在住。2戸合わせて約5000万円という高額な買い物にもかかわらず、現物を見なかったそうです。営業マンの口車にまんまと乗せられました。

大阪の物件の購入価格は2500万円。家賃7万4000円と管理費8000円の合わせて8万2000円が毎月の収入です。

支出は、35年ローン（金利1・8％）の返済が月々8万272円と管理費と修繕積立金を合わせて8300円の計8万8572円。

つまり毎月6500〜6600円、年間約7万8000円の赤字を垂れ流していました。

京都の物件と合わせると、固定資産税を含めてトータルで年間20万円くらいの赤字です。

一方で、佐藤さんは税金の還付を受けていました。これが年間30万円くらいだそうです。

「佐藤さん、何を経費に計上しているんですか？」

「……それはわからないです」

「確定申告はやっていますか？」

「……不動産屋にやってもらっています」

「不動産会社からは、毎月赤字が出るけど節税になると説明されましたか？」

「はい」

「確定申告で何がどうなっているか、ご存じないですか？」

「……はい」

確定申告の中身がわからないのに、税金が還付されているのです。ということは、**不動産会社が経費をでっち上げている可能性大**。不動産投資とはまったく別の脱税の問題になるので、僕はそれ以上踏み込みませんでした。

佐藤さんの残債は2280万円。僕の査定では、今の市況感では売却価格は1800万円前後、良くて2000万円といったところです。

今すぐ売ると、2物件で500万～600万円の赤字が確定してしまいます。売ろうにも売れない苦痛と苦悩の日々です。

実は佐藤さん、営業マンからもっと物件を買うようにすすめられていたそうです。2戸でやめておいたのが不幸中の幸いです。

税金の還付で今のところ毎月の赤字は補塡できているものの、何を経費に計上しているかまったく把握していないという危険な状態です。

佐藤さんのように、予備知識なしに不動産投資を始めると、販売会社の思う壺《つぼ》です。

なぜ不動産のプロは新築ワンルームを買わないのか？

僕が不動産業界にいながら自ら不動産投資しているように、この業界には自分でも不動産に投資している人がいます。

しかし、不動産業界の人が新築ワンルームを買ったという話をほとんど耳にしたことがありません。不動産のプロが新築ワンルームに手を出さないのは、よっぽど安く買えない限り**買った瞬間に損が確定**してしまうことを知っているからです。

つまり新築ワンルームは新築の経費が膨大にのっかるので、買った瞬間に価格、価値が数百万マイナスになるのです。

といっても、中古になるから価値が下がるのではありません。そもそも**高値づかみ**をしているのです。新築の時点で価格設定が割高。中古になった瞬間、市場の需給関係に見合った実勢価格になるだけです。

なぜ市況よりも高く販売しているのでしょうか？　一般投資家が買った時点で、すでに開発会社も建設会社も販売代理会社も利益が確定しているからです。関係している各社の利益がすべて乗った段階で売りに出されるからです。利益が確定していないのは、投資家だけ。これでは投資家が儲る可能性はほぼありません。

僕は、よく次のように言います。

「その新築ワンルームを明日、同じ値段で売れるのなら、ぜひ買ってください」

明日、同じ値段で売れないということは、少なからず高値づかみをしているということ。

「新築ワンルームは買った瞬間に中古になって値段が下がる」といわれることがありますが、新築ファミリータイプの実需マンションは、高立地人気エリア、人気物件なら中古になっても大きく価格は落ちません。

僕なら、販売会社が提示する価格の半額で買います。

新築ワンルームは市況より価格が高いだけでなく、最近は**利回りも低い**。ここ数年、新築ワンルームの平均利回りは4％弱くらい。運が悪いと3％というケースもあります。営業マンに「毎月手出し（赤字）でも大丈夫です。税金が還付されますから」と説明されて買ってしまっているのです。

不動産が赤字になっていると、**本業の収入と相殺して税金が還付**されるというのです。

「だから経費をいっぱい使ってください。赤字にしましょう」とうながす不動産業者が多い。しかし実際には、節税になっていないケースが多い。

高値づかみしても毎月黒字になればまだましですが、実際には赤字を垂れ流すことになるのです。

新築ワンルームは資産ではない⁉

新築ワンルームを買った人は、今は赤字でもいずれは資産になると考えていることでしょう。

しかし、新築ワンルームを資産と考える、その発想自体がそもそも間違っています。

35年ローンで新築ワンルームを買ったとします。35年後、ローンを返し終わったら、そのマンションはどうなっているでしょうか？　新築では2500万円だったとしても、築35年になれば数百万円程度の価値に没落している可能性大。下手をすると、入居者がほとんどいない**幽霊マンション**になり下がっている可能性すらあります。

それでは35年間、誰のためにその物件を運営したのでしょうか？　入り口で儲かったのは、利益を乗せに乗せて市況より高く売った開発会社。35年間の運営期間で儲かったのは、チャリンチャリンと利息を受け取り続けた銀行。サブリース契約なら、管理会社もほくそ笑んでいます。残っているのは、不動産会社と銀行のために、本業の稼ぎを毎月吐き出して、**よく熟成され、煮込まれたカモ**です。

ただし、ワンルームそのものが悪いわけではありません。たとえば市況よりも安く買ったなら、毎月赤字を垂れ流すとわかった瞬間、すぐに売ってしまえばいいだけです。そうすれば利益が確定します。

訳もわからずにワンルームを買ってしまうことが悪いのです。現物すら見ずに何千万円も出して**粗大ごみを買う**ことが問題なのです。

それでも今、この瞬間も新築ワンルームが売れています。

「ビッグイベントがあるから価格が上がる」は本当か？

新築ワンルーム投資で成功するのは、20〜30件に1件あればいいほうです。下手すると、100件に1件です。ゼロではありませんが、限りなくゼロに近い。

それでは、どんな条件ならワンルーム投資で成功するのでしょうか？　**エリアが極めて**

良いケースです。たまにそういう物件があります。東京の新宿区や港区という好立地で、値崩れしにくいどころか、数年で値上がりするようなケースです。

ただ、そういうレアな物件の情報は、ほとんど表に出てきません。少なくとも、一般のサラリーマン投資家の目に入ってくることはありません。そもそも、その場所が上がるかどうか、不動産のプロですら読むのが難しい。半分ラッキーです。偶然的要素がたぶんに含まれています。

だから不動産会社に「ここは値段が上がりますよ」と言われても、うかつに信用してはいけません。値上がりすると100%わかっているなら、その不動産会社が自ら買います。未知数だから、あなたのところに物件情報が下りてきているのです。

よくあるのが「大阪万博があるから」「東京オリンピック前に買えば値上がりする」といったセールストーク。これに乗せられて不動産を買った人がたくさんいます。

ビッグイベント開催は、不動産価格の動きを方向づける潮目の1つであることは間違いありません。ただ東京で国を挙げてのイベントがあるからといって、東京全体の不動産価格が上がるとは限りません。駅1つ離れても事情は異なります。一般的に周知されているような情報だけで判断するのは危険。「この場所は値段が上がる」「利回り低くても大丈夫」といったセールストークに乗って痛い目にあった投資家が山ほどいます。

不動産投資の仮面を被ったヤバいスキーム

新築ワンルームで失敗するといっても、物件そのものが存在しなかったという話は耳にしたことがありません。ところが不動産関連の投資商品には、**かなり香ばしい**ものも存在します。

「想定利回り6・0~7・0% 現在まで元本評価割れなし!(※)」

もちろん各社ビジネスですので否定はしませんが、大々的にそんなフレーズを掲げているウェブサイトや広告があります。「み●なで大家さん」などの投資商品です。もちろん、小さく「(※)今後、すべての商品において元本割れが生じないこと、また、想定利回りが確保されることを保証するものではございません」という注記はありますが。

近年は銀行にお金を預けても利息はほとんどつきません。元本保証ではないといっても実績ベースでは元本割れしたことがなく、6~7%の利率となると、夢のような商品です。

ほとんど奇跡です。

それでは、どんな投資商品なのでしょうか？

「奄美青果熟成加工物流センター」というのがあります。これは、バナナを熟成させる倉庫。広さは約100坪。奄美大島の相場を調べると坪5000円ほど。ところが、バナナ倉庫は月額1200万円で賃貸に出しているというのです。相場の二十数倍です。実態がどうなっているかわかりませんが、僕は鳥肌が立ちました。**いったいどれだけ大量のバナナを加工**しているのでしょうか！

ほかにも、千葉県の成田でショッピングセンターや国際展示場を開発するというプロジェクトがあります。そもそもショッピングセンターを開発するのに一般投資家の資金に頼る必要があるのでしょうか？　もし利益が見込める将来性のある事業なら、大手財閥系不動産会社や大手ショッピングモールがとっくに自社で出資して開発しているでしょう。

今はまだ更地なのに配当が出ていますが、これも不思議で仕方ありません。更地からどうやってお金を得ているのでしょうか？　詐欺《さぎ》の一種であるポンジスキームでないことを祈るばかりです。

ちなみにポンジスキームとは「**出資金を運用して、運用益から配当を出す**」と言いながら実際には運用せず、あとから参加した出資者のお金を先に参加している出資者に配当として配るという投資詐欺の一種です。

過去にも和牛投資やフィリピンでのエビ養殖投資、円天など、ポンジスキームによる詐欺が摘発されて社会問題になりました。

何度も何度も繰り返されるのに、投資詐欺に引っかかる人があとを絶ちません。

ちなみに、「み●なで大家さん」は2021年に「2024年（現在は2026年オープンだとか⁉）に成田空港の隣りに世界一の街を造る」と高らかに宣言していました。ジャーナリストの田原総一朗氏も絶賛していました。いったい、どんなにすごい街ができるのでしょうか？　とても夢のある話だとは思いますが、僕は絶対に投資しません。人にも絶対にすすめません。

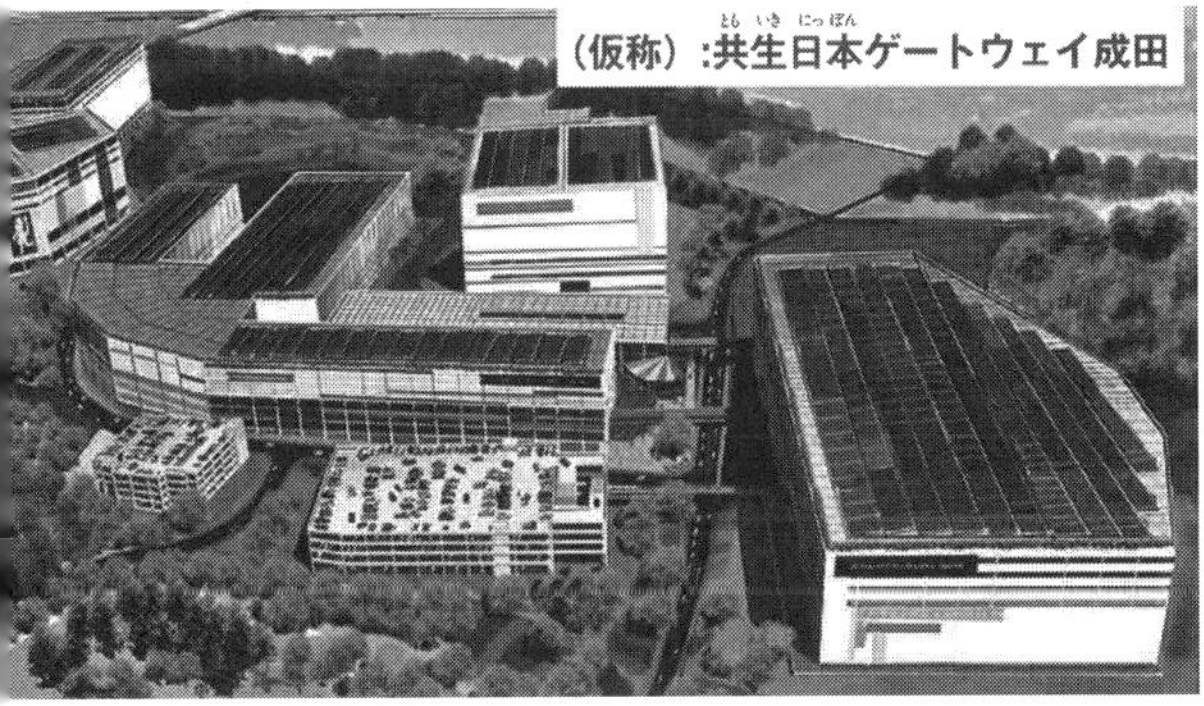

同社のパンフレットより

「人が運用してくれる系」には気をつけろ！

不動産だけに限りませんが、「人が運用してくれる系」「他人がやってくれる系」の投資商品は要注意です。それが高配当なら100％疑ってかかったほうがいい。サブリース契約も典型的な**「他人がやってくれる系」**です。

多くの人が投資している投資商品のうち、典型的な「人が運用してくれる系」のものが投資信託です。あなたも銀行から投資信託をすすめられたことがあるかもしれません。さすがに金融機関が販売している投資信託が詐欺ということはないとは思いますが、本当に運用されているかは自分ではわかりません。

投資は本来、人頼みではなく、自分自身でやらなければならないものです。

他人に運用してもらうとしても、「誰が、何を、どのように運用しているのか？」を自分の目で確認して分析しなければなりません。

その投資商品を売っている営業マンに聞くと、うまいこと丸め込まれるだけ。銀行ですら疑ったほうがいい。

あなたは、自分の利益が欲しくて投資するのではないでしょうか？　あなたが他人の利益のために動かないように、他人もあなたの利益のために動いてくれません。自分は何もせずに、出資するだけで配当がもらえるというのは**虫が良すぎる話**です。

それでも人が運用してくれる系の投資で楽をしたいなら、せいぜい投資信託、ＮＩＳＡくらいでとどめておくのが安全でしょう。投資信託の平均利回りは3～10％とされています。元本保証をちらつかせる利回り７％の怪しい投資商品と大して利回りは変わりません。

上場企業ですら会社ぐるみで手抜き工事!?

危ないのは、社名からして怪しい無名企業だけではありません。大手・有名企業だからといって、信用できるとは限りません。

２０１８年、レオパレス21の施工不備問題が発覚して社会的な大騒動に発展しました。これまでに判明しているだけでも7万戸以上に不備があったというのです。

企業の不祥事は、どの業界にもあります。建築・不動産業界でも、例外なく不祥事が起きるということです。

レオパレス21は誰もが知る上場企業で、建てたアパートの棟数が多い。あなたの自宅の近くにも、レオパレス21のアパートが1棟や2棟どころかいくつもあるはずです。コンプライアンスの厳しい上場企業ですら、手抜き工事がまかり通っていたのです。小さな手抜き工事は多分、日本中に数えきれないくらいあるでしょう。

2023年2月には、投資用の新築マンション建設を手がけていたユービーエムが破綻しました。売り上げ規模は100億円と、業界では知られた会社でした。進行中の73件のマンション工事がストップしました。

新築マンション・アパートを建てるために頭金を入れたのに、建築会社が倒産して頓挫《とんざ》することも起こりえるのです。債権回収ができなければ、頭金を失います。

たとえ建ったとしても、レオパレス21のようにちゃんとした建物になっているのかわかりません。扉が開かなかったり、建具がズレていたりすれば自分の目で見てわかりますが、壁の中の構造のことはサラリーマン投資家は知りようがありません。20万〜30万円くらいかければ躯体《くたい》を調査（インスペクション）できなくはありませんが、そんなことをやる投資

レオパレス
1万4443人に転居促す
施工不良 新たに1324棟
専用電話を設置

レオパレスで不良物件が発生したことを伝える記事

ユービーエム、負債30億円か
現場動かせず「やられた」
「受注、ほぼ原価」

ユービーエムの倒産を伝える新聞

家はまずいません。

僕は、新築物件は怖くて、とても手を出せません。

中古で10～20年経っている物件ならば、少なくともその間は瑕疵《かし》（傷）がなかったということです。だから新築よりは安心感があります。もちろん中古物件には経年劣化による価値の低下はありますが、リスクヘッジをしやすいと思います。

不動産営業マンは心を鬼にして売っている

「私は新築ワンルームの営業マンです。お客さんにメリットがない商品であることは百も承知のうえで、私は心を鬼にして売っています。これからも自分の人生のために売っていきます。ただし、もし自分の家族が新築ワンルームを買うと言ってきたら、全力で止めます」

僕の動画には有難いことに日々多くの視聴者さんからコメントをいただきます。なかにはアンチと呼ばれる人からコメントが寄せられることがマレにありますが、このように営業マンが本音を吐露するようなコメントが書き込まれることがあります。

ここまで読み進めたあなたは「不動産営業マンって、何て悪いやつらなんだ」という印象を持ったかもしれません。不動産業界の名誉のために言っておきますが、不動産営業マンもごく普通の人たちです。

営業マンは厳しいノルマに追われています。売らないと上司に詰められます。ひと昔前のように灰皿が飛んでくるようなことはさすがになくなりましたが、それでも結果がすべての厳しい世界です。多くの不動産会社が歩合制を採用しているため、営業マンは売らなければ給料が上がりません。

営業マンは、顧客が損するとわかっていても、自分や家族のために売るしかないのです。

不動産営業は、学歴やコネがなくても結果を出せば高収入を得られる世界。気合と根性で人生を一発逆転できる可能性の高い職業です。投資家が一発逆転を夢見て不動産に投資するのと同じように、不動産営業マンも一発逆転を夢見て不動産業界に飛び込んでいます。

多くの不動産営業マンは、良心の呵責《かしゃく》にさいなまれながら売っているのです。

こうした不動産営業マンの営業活動の結果、成功する投資家が誕生するのも事実ですが、それはほんのひと握り。**圧倒的多数の失敗者を生んでいる**のです。

COLUMN

コインランドリー投資は経営者の節税向け

コインランドリー投資というのがあります。

コインランドリー投資で検索すると、「不動産投資より利回りがいい」「サラリーマンの副業になる」「不況に強い」など、欲望を刺激する言葉が目に飛び込んできます。

コインランドリー投資とは、コインランドリーのオーナーになって収益を得るというもの。店舗を借りるか買うか建てるかして、そこに機器を設置し、コインランドリーとして開業します。

僕のところにもよく案内が来ます。そのコインランドリー投資の収支表を見ると、そのほとんどが**「ほぼ毎日のように雨が降る」**という前提に立っていました。バングラデシュならともかく、日本でそんなに雨が降るでしょうか？　そもそも雨に依存しないと儲からないビジネスはどうなのでしょうか。実際、毎日雨乞《ご》いしているオーナーもいるそうです。

立地によりますが、僕の見る限りではコインランドリーはもう飽和状態だと思います。

雨後のタケノコのように乱立！

コインランドリー投資は儲けるためというよりも、すでに儲かっている経営者が利益を圧縮して**節税するためにやるくらいがちょうどいい**というのが僕の考えです。

僕は不動産業投資の仕組みを熟知しているからこそ、その領域から外れない中で不動産に投資しています。コインランドリーに詳しくないどころか、自分でまったく使いません。自分の領域ではないので、僕はコインランドリー投資には手を出しません。

すべてのビジネスにおいて領域から逸脱せず、着手するべき物事を見極めることは基本中の基本です。

本当にこんなに稼げる!?　初期費用と年間収益

	大型店舗（30坪超）	大型店舗（30坪超）	中型店舗（25坪）	小型店舗（15坪）
現況	更地から自土地／家賃不要	更地から地代あり	建物あり家賃あり	建物あり家賃あり
初期投資	4,500万円	4,500万円	3,500万円	2,500万円
年間売上	1,500万円	1,500万円	1,200万円	850万円
ランニングコスト	570万円	870万円	780万円	591万円
年間収益	930万円	630万円	420万円	259万円
予定利回り	21%	14%	12%	10%

ある業者さんのパンフレットより

第2章

なぜ不動産投資はトラブルがあとを絶たないのか？

50年以上前からサラリーマンはだまされている

賃貸アパートやマンションの大家といえば、かつてはいわゆる地主でした。どの地域にも、アパートやマンションをたくさん所有している地主一族がいるものです。賃貸経営には、地主がもともと持っている土地の活用策としての意味合いが強かったのです。

高度成長期からバブル期にかけて「土地の値段は上がり続ける」という「土地神話」が信じられていました。このころには地主以外の人たちも不動産投資に参入するようになりました。

１９６０年代から80年代にかけて流行ったのが「**原野商法**」です。これは「将来リゾートが開発されて、土地が大きく値上がりする」と虚偽の説明をして二束三文の原野を買わせる商法。実際にはリゾート開発は着手されず、いまだに原野のままです。今となっては森の中のどの部分が自分の土地かすら、わからない人がたくさんいます。もしかすると、あなたのまわりにも当時、原野を買ってしまった高齢者がいるかもしれません。

50年以上前から**サラリーマン投資家はだまされている**のです。最近は、原野商法の二次被害が問題になっています。その1つが「原野を買い取るから測量する」という名目で測量代をだまし取るといった手法です。

サラリーマン投資家が急増したワケ

本来の不動産投資は、お金持ちがさらにお金を増やすための手段でした。
たとえば、4000万円の物件を買うとします。半分の2000万円を頭金に入れて、残りの半分は融資を受けます。借り入れが2000万円なら、返済期間を35年にしなくても、10年や15年で返せます。返済期間を10年にすれば、10年後は残債ゼロになって、4000万円で買った物件が丸々自分の資産になるのです。それ以降、ローンの返済がなくなり、家賃収入が丸ごと自分の懐に入ってきます。ローンの残債がゼロになれば、売却しようと思ってもいつでもできます。これが**不動産投資の王道**です。

ところが、今はサラリーマン投資家が激増しました。とりわけ2016年ごろからは不動産投資ブームと呼ばれる状況です。それでは、なぜサラリーマン投資家が増えたのでしょうか？

これは**金利と深い関係**があります。

20年前、30年前の住宅ローンの金利は4～5％でした。1990～1991年にかけて、変動金利が8％を突破したこともあります。金利が高かったので、サラリーマンは簡単にローンを組めませんでした。

ところが、2013年からのアベノミクスは長引く不景気脱却に向けて金融緩和政策を進めました。2016年には日銀が史上初の「マイナス金利政策」を断行しました。これは、民間の金融機関が日銀に預ける当座預金の金利をマイナスにするというもの。お金を預けると利息がもらえるのではなく、逆に利息を払わなければならない逆転現象です。これによって、不動産投資のためのアパートローンなどの金利も低くなりました。一般の会社員でも不動産に投資しやすくなったのです。

もう1つは、年金問題や「老後2000万円問題」などが取りざたされたことによる**将来への不安**です。公的制度に頼らず、自ら老後のための資産形成をしようという機運が高まりました。「貯蓄から投資へ」といったフレーズが叫ばれたこともあります。

こうしたことから、サラリーマンによる不動産投資が急増したのです。

狙われるのは大手企業のサラリーマン

不動産投資が注目されれば、勢いづくのは不動産業界です。サラリーマンを対象にした営業活動が盛んになっていきました。

とはいえ、誰でも収益物件を買えるわけではありません。安定した収入がなければ、ローンを組めません。

実際に僕のところに相談に来るのは、会社員の方が大半。しかも大手企業に勤めている方が少なくありません。

それではなぜ、大手企業の会社員がこぞって不動産投資に手を出すのでしょうか？　僕たち経営者や個人事業主よりも、大手企業の会社員は**圧倒的に信用力が高い**からです。金融機関からお金を借りやすいのです。

大手企業の会社員にとって時間の自由度は小さいかもしれませんが、社会的信用が高いというのが大きな強み。僕は30代前半、不動産投資しようと思っても、銀行から融資してもらえませんでした。不動産投資に興味があっても、社会的な信用がないために手を出せない人がたくさんいます。それに比べて、大手企業の会社員という背景のカードは**不動産投資では最強**です。

だから、不動産会社に狙われるのです。

大手企業のサラリーマンのほかに、社会的ステイタスが高く、高収入である医者や弁護士など士業も不動産会社がねらうターゲットです。

年収800万～1200万円がゴールデンゾーン

ユーチューブ「逆転の狼煙」を手伝ってもらっているボトムソーという相方がいます。ボトムソーは「日本一給料が高い」との呼び声が高いキーエンスの元社員。平均年収は2183万円(2022年)。ボトムソーさん自身も24歳で年収1200万円に達したそうです。

ボトムソーさんと知り合ったとき、彼は「ワンルームを持っているんです。投資しているんです」とウキウキ語りました。

「ワンルームってだいたいヤバいですけど、大丈夫ですか?」

「ヤバくないですよ。700万円の宝くじに当たったのと同じだと言われて買ったんで」

「それ、完璧にハメられているやつですよ」

「何言っているんですか」

「1回、資料を見せてください」

そんなやり取りがあったのです。

後日、資料を見たら、とんでもない状況だとわかりました。

それも、2つもワンルームを買っていたのです。

彼が2500万円で買った物件を査定したら、市場価格は1700万円程度。700万円の宝くじに当たったどころか、**2部屋で800万円の貧乏くじ**を引いていました。

ところがボトムソーさん本人は、そのことにまったく気づいていませんでした。

20代にして年収1000万円を突破していたボトムソーさんは、「2500万円なんて大したことない」とイキッて買ったそうです。

キーエンスの本社の前には、投資用不動産を売る営業マンが並んでいるそうですが、ボトムソーさんはそこでは引っかからずに同僚からの紹介で購入しました。

キーエンスの社員の多くが不動産投資をやっているそうです。不動産会社にすれば、いいお客さんです。全員年収が高く融資の審査が簡単に通るからです。

営業マンの一番のカモは年収800万から1200万円のエリートサラリーマンです。中間管理職になっていて身動きが取れない。土日は家族孝行。自分の時間もなければ、資産形成や副業をする時間的も余裕もない。営業マンは、そんなエリートサラリーマンが大好物です。

不動産投資で失敗するのは、東京や大阪に住んでいるエリートサラリーマンが多い。地方では、エリートサラリーマン自体が少ないので、不動産業者にだまされる人も少ない。ただし地方の高年収の人は東京や大阪にある都市部の不動産会社に自分から問い合わせてハマっていくケースがあります。

お金に余裕が出てくると、投資にまわしたいという欲が出てきてしまうのです。

将来への不安もあるでしょう。昭和の時代は誰もが信じていた大手企業の年功序列の慣習が、今は溶けてきています。大手企業が数千人単位の早期退職者を募るニュースが目につきます。

「年収800万って、いつまで続くのかな……」

「早期退職になるかも……」

そんな将来への不安が不動産投資に向かわせる面があるでしょう。

「2500万円くらいだったら、買っちゃうか」

と思えるのも、年収の高い大手企業のサラリーマンだからこそ。年収400〜500万円のサラリーマンなら、毎月5万円の赤字は深刻な問題。

しかし年収800万から1200万円なら、

「毎月5万の赤字でも、最悪失敗しても、俺の年収だったら何とかなるかな」

という余裕があるのです。だからよく調べずに軽い気持ちで収益物件を買ってしまうのです。

男は「すごい・強い・怖い」という形容詞に弱い

年収1000万円前後の人たちは、承認欲求が強いのも特徴です。

30代や40代で年収800万から1200万円なら勝ち組という風潮がある中で、「俺はここまで本業で頑張ってきた」という自負があります。

とりわけ男性は「すごい・強い・怖い」といった形容詞に弱い。これらの形容詞をまとった先にあるのは「そんな俺ってどう？」という承認欲求です。

「本業で俺、年収１０００万円超えてきたし、そんな俺が副業もやってたら、どうかな」という見栄があるのです。

逆に、不動産投資で失敗する**女性は極めて少ない**。年収１０００万前後を稼いでいる女性がまだ少ないという現実があると思いますが、それでも今やバリバリ稼ぐキャリアウーマンは珍しい存在ではありません。それでも不動産投資に手を出す女性が少ないのは、男性とは承認欲求が満たされるポイントが異なるからでしょう。

「○○さんくらいの年収があったら、副業の１つもやってなかったらダメですよ」

「資産形成も、ぜひやってください。これはここまで勝ち上がってきた○○さんだからこそ、やったほうがいいんですよ。他の人は、やりたくてもできないんですから」

「僕は融資通らないけど、○○さんはこれだけの会社にお勤めで、この年収でこの役職なので、融資が通るんですよ」

そんな営業マンのささやきに、高収入の男たちは承認欲求が刺激されるのです。

営業マンは、よく見ています。その人の何が欠けていて、何を補ってあげれば話に乗ってくるのか、営業マンはよくわかっているのです。餌《えさ》を与えて、脂の乗った**カモに育て上げる**のです。営業マンはころあいを見計らって、丸々と太ったカモを平らげます。

います。

エリートサラリーマンや医者は情報弱者!?

エリートサラリーマンや医者は学力の高い人たちです。本人たちも頭がいいと自覚しています。

ところが金融リテラシーが高いかといえば、そうとは限りません。

エリートたちは小さいころから遊びをがまんして塾に通い、進学校に進み、名門大学に進学して、就職戦線を勝ち抜いて大手上場企業に入り、出世争いで自己研鑽を続けています。競争の連続をことごとく勝ち抜いて今の地位を築いてきました。毎日が充実しているエリートほど、自分のお金のことを省みる余裕がありません。

どうしても金融リテラシーを含めた自分のことをあと回しにして、仕事を優先してきた人たちです。だから社内で成果を上げ、年収を上げてこられたのです。自分自身の資産について疎《うと》いのは、仕方がないでしょう。

しかも、エリートは頭がいい自分がだまされるとは思っていません。営業マンにしてみれば、自分はだまされないと思い込んでいる人ほどだましやすい。

エリートは、新築ワンルームの危うさもサブリースのヤバさも知りません。買ったあと大赤字になって、はじめて我に返るのです。

こうしたことは少し調べれば、わかることです。ですが不動産業界の中と外ではどうしても情報格差があります。どんなに勉強してもつかめない業界内の情報はあります。それでも業界外の人が調べられる範囲のことを徹底的に調べれば、営業マンにだまされることはありません。情報の集め方は第４章以降で詳しく説明します。

営業マンが狙うのは、**お金を持った情報弱者**なのです。

30歳前後の「心のスキマ」に潜り込む営業マン

「毎月50万円の不労所得でセミリタイア」VS「上がらない給料で死ぬまで社畜」

あるとき、ＳＮＳにそんな広告が流れてきました。日本の平均年収は過去20年間、ほとんど上がっていません。先進国で賃金が伸びなかったのは日本とイタリアくらい。２０１５年には韓国に抜かれました。

２０２２年に経済産業省が「未来人材ビジョン」というレポートで、部長の年収が日本はタイよりも低いという衝撃的なデータを示しました。２０２２年ごろから物価上昇にともなう大手企業の賃上げがニュースになっていますが、世界的に見て日本の没落ぶりは深刻です。

大学を出て就職すると、最初はがむしゃらに働くでしょう。ところが数年経つと、「給料が上がりそうにないけど、このままでいいのだろうか……？」と不安を感じるのです。それが30歳前後です。

不動産投資は、20代後半から30代前半くらいで手を出し始める人が多い。

それは現実に気づくからです。

会社員なら、目の前の上司の人生を見ます。それは自分自身の未来の姿。

「このままではまずい」

「現状から脱出したい」

「何かやらなければ」

そんな焦りを感じるのが30歳前後でしょう。

近年の働き方改革によって、大手企業は残業が激減しました。有給休暇の取得が義務化されて休みも増えました。

自分の時間が増えて、自分の将来を考える余裕ができたのです。

モヤモヤを断ち切るべく30歳前で転職したり、独立したりする人がまわりにいると思います。株やFX、仮想通貨に手を出す人もいるでしょう。不動産投資も、その選択肢の1つです。

この3つの選択肢の中では、転職が圧倒的なメインストリーム。しかし、低金利によって不動産投資のウエイトが高まってきました。

大きな犠牲を払ってエリート街道を走ってきた人がふと立ち止まって、その対価が欲しいという気持ちになったところを営業マンに狙われます。営業マンの悪魔のささやきを信用して、業者に任せっきりにするエリートサラリーマンが多い。

人生に迷う30歳前後の「**心のスキマ**」。

ここに業者がスルスルと入り込んでくるわけです。

上司・同僚の紹介が9割

いくら心にスキマがあるからといって、見ず知らずの営業マンからアプローチされてもたやすく心を開かないでしょう。素性のわからない営業マンから「不動産投資をしませんか？」とアプローチされても、話を聞こうとすらしないはずです。

営業マンは、巧妙な仕掛けによって心のスキマの入り口をこじ開けます。

それは**「紹介」という手法**です。

赤の他人から「不動産投資はいいよ」と言われても聞き流しているでしょう。ただし信頼している上司から「俺、不動産投資しているんだけど、君も興味ある？」と言われたら、がぜん関心を持つはずです。

実は、買った瞬間に損が確定するような物件を買ってしまう人があとを絶たないのは、**不動産投資が紹介ビジネス**であることも大きな要因なのです。

会社の上司から次のような話を持ちかけられるところから、不動産投資失敗ロードが始まります。

「俺、ワンルームマンションを持っててさ、資産形成してるんだけど。君もこの会社入って3～4年経って経済力もついてきたから、資産形成とか興味あるだろ？」

「はい」

「今度、俺がお願いしている不動産屋の人を紹介するよ」

「え、いいんですか？」

「君もそろそろ不動産の知己くらい持ったほうがいいよ。先日、○○君は即答で申し込んでくれたんだよね。伝えるのが遅くなってごめんね。でも、こればかりは、みんながみんなできるわけじゃないから。やっと君にも紹介できるようになったんだよ」

「本当ですか。課長、ありがとうございます！　課長がそう言うんだったら、私もぜひ」

このように、社内の上司や同僚の紹介をきっかけにして始める人が約9割です。


「信頼する上司がすすめるんだから、大丈夫」


そう信じ込んでしまうのです。

あるいは、上司から頼まれると断れない部下もいるでしょう。

「君は将来、今の僕のポジションに就くわけだからさ」

と言われると、断りにくい。不動産投資は仕事とはまったく関係ないプライベートのことでも、上司の紹介を無下《むげ》に断って気を損ねてしまうわけにはいきません。

とりわけ上司は昭和や平成の時代に「上司が黒と言ったら、白も黒」という文化で育ってきています。かつては「無理へんにげんこつ」ということもあったでしょう。そうした気質が残る上司の紹介を断れなくなってしまうのです。

上司に限らず、先輩や同僚からの紹介パターンもあります。

「俺、毎月2万円の不労所得があるんだよね」

「ホントですか?」

「まじ、不動産に投資してるんだよ」

「不動産っすか。どうやるんですか?」

「じゃ、いい不動産屋、紹介するよ。いい物件はすぐ売れちゃうから、紹介じゃないと買えないんだよね。お前にしか言わないから、内緒にしといてね」

なんて先輩に引きずり込まれるのです。

この職場というクローズドな環境が**投資家の判断を誤らせる原因**になるのです。

50万〜80万円の紹介料欲しさに部下を引きずり込む

この裏側では何が起きているのでしょうか?　実はお客さんを紹介すると、不動産会社から1人あたり**50万〜80万円の謝礼**が入るのです。

上司や先輩は、この紹介料目当てに部下や後輩に不動産投資を持ち掛けるのです。

紹介する側は、本当は買ってはいけない物件であることをわかっていて紹介するケースと、それすらわかっていないケースがあります。

いずれにしても、自分の赤字を補填するために紹介に手を染めるのです。

たとえば、典型的なのが次のようなケースです。

山田さん（仮名）は、儲かると思って新築ワンルームを買ったものの、毎月の家賃収入よりローン返済額のほうが多く、赤字を垂れ流している状況に焦りました。そこで、購入した不動産会社に電話しました。

「毎月赤字ですよ。全然儲からないじゃないですか。話が違いますよ」

「山田さん、大丈夫ですよ。ワンルームっていうのは、赤字が出るものなんです。ご友人の方を紹介してくれたら補填できますよ。年間の赤字分をすべて解消できるくらいの紹介料を出しますから」

それが50万〜80万円の紹介料です。月5万円くらいの赤字でも、この紹介料を手にできれば1年分くらいは穴埋めできます。それで山田さんは必死に部下や同僚に声をかけて、

赤字の底なし沼に引きずり込むのです。

新築ワンルームを購入する時点で、営業マンにあらかじめ次のように紹介料について説明されているパターンもあります。

「山田さんはこれで資産形成ができるようになりました。今まで一緒に頑張ってきた会社の同僚や後輩の方にも、良い人生を送ってもらいたいじゃないですか。山田さんの大事なお友だちをご紹介してください。紹介料は通常は50万円ですが、3月の末まではキャンペーンで65万円をご用意できます」

こうして紹介が紹介を生む**負の連鎖**が止まらなくなります。上司から部下、同僚から同僚へと**数珠つなぎに新築ワンルーム地獄にハマっていく**のです。

「見せない」「相談させない」「考えさせない」の3点セット

あなたは、営業マンの利益のために不動産を買うのでしょうか？　100%自分の利益のためでしょう。自分だけは老後に備えたい、自分だけは節税したいという**エゴで買う**はずです。

これと同じように、営業マンはあなたの利益のために売っているわけではありません。買い手の人生がどうなろうが関係ありません。

営業マンはできれば1秒でも早く買ってもらいたい。そのための鉄則が3つあります。「**見せない**」「**相談させない**」「**考えさせない**」の3つです。

まず「**見せない**」。投資家は物件を見に行くのが面倒くさい。遠方の物件なら、なおさらです。営業マンは「見ないで大丈夫ですよ。サブリース契約なので、全部こちらでやります。あなたがやることは何もありません」と見せずに、すぐに買わせようとします。

実際に、新築ワンルームは物件を見ずに買う投資家が大半。スーパーで数百円の食材を買うときでも産地や賞味期限をチェックするのに、その10万倍（！）も高い数千万円の新築ワンルームを買うときには現物を見ないのです。

もしかしたら、ガラの悪いエリアに位置しているかもしれません。思ったよりも安っぽいつくりかもしれません。国内ではさすがに聞いたことがありませんが、海外不動産投資案件では物件が存在しないケースすらあるようです。

次が「**相談させない**」。トラブルにあっている人のほとんどは家族に相談せずに買っています。買う前に家族に相談したら、反対される可能性大。「もう少し考えます」と言わせないように、営業マンは**相談させずに買わせよう**とします。

最後に「**考えさせない**」。「人気物件なので、すぐに売れちゃいますよ」「今決めないなら、別のお客さんに売りますよ」「あと3戸になりましたが、購入をご検討のお客さんが10人いるんですよ」と、考える時間を与えずに買わせようとします。

「契約して決済すれば、あとは管理会社がサブリースで全部やりますから。うちはワンストップサービスです」というのが営業マンの決めゼリフ。投資家は「楽だ、何もしなくていいんだ」と思い込んで買ってしまうのです。

その結果、銀行と管理会社のために35年間働き続けるという妙な構図ができ上がります。

投資のことはまわりに相談しにくい

営業マンの鉄則の1つである「相談させない」ですが、営業マンが相談させないようにするまでもなく、本人自身が妻にも友人・知人にも相談しません。

ここにも**落とし穴**があります。投資やお金のことは、会社の同僚や友だちに相談しにくいのです。

このことは、新築ワンルームで失敗したサラリーマンと面談したときに言われました。僕が「友人に相談はできないもんですか?」と質問したところ、「とてもじゃないけどできない」と言っていました。

というのも優秀な人材が集まる大手・有名企業ほど、みんな本業を頑張っているからです。

「俺らめっちゃ目標達成に向けて頑張っているのに、お前、なに副業なんかやってるんだよ!」

そんなふうに言われかねない風潮だというのです。だから同僚にうかつに相談できません。

かといって職場以外の友人に相談できるかといえば、うらやましがられたりと、「儲かったらおごってよ」と言われたり、ねたまれたり、どうせ理解してもらえなかったりと、面倒臭い。だから友人にも相談しにくい。

誰にも相談できないから、「逆転の狼煙」の不遇男に相談が殺到するのです。

失敗した個人投資家の「誰かに相談したい」という切なる思いが、不遇男の見た目の怪

COLUMN

地面師～魑魅魍魎《ちみもうりょう》が跋扈《ばっこ》する不動産の世界

「地面師《じめんし》」。この言葉を聞いたことがあるでしょうか？　これは、所有者になりすまして不動産を売り飛ばし、代金をだまし取る詐欺師のことです。

近年では、2017年に起きた「積水ハウス地面師詐欺事件」がニュースになりました。積水ハウスが地面師に55億5000万円もだまし取られたのです。

舞台は、五反田駅から徒歩3分の古びた大きな旅館でした。そこは、一等地にある広さ約600坪という広大な土地。各社が手に入れようとしのぎを削っていました。積水ハウスは、所有者を名乗る女性と売買契約を結び、代金を払いました。ところが、法務局から所有権移転の登記が却下されたのです。そもそも、その女性は所有者ではないからです。このときになって初めて、積水ハウスは地面師グループにだまされたことを知りました。

「地面師」きょうにも聴取
積水ハウス55億円被害
不正登記未遂容疑
余録

不動産取引でだまされるのは、何もサラリーマン投資家だけではありません。優秀なプロが集まっている大手企業ですら、一杯食わされる世界なのです。

しさを突き破って来るのです。

本・セミナー・ネットの甘い誘惑

大手企業の会社員の安定度はピカイチです。「終身雇用の時代は終わった」といわれても、安定度は中小企業の社員とは比べるべくもありません。

ただ自由度が足りない。年収が高いので、生活する分にはお金は困りませんが、自由を謳歌できるほどの資産があるかといえば、そんなことはないでしょう。

自由とその裏づけとなる資産を求めてひとたびネットで検索すると、次から次へと投資関連の広告がアップされるようになります。「家賃年収2000万円」「資産4000万円会社員」といったSNSアカウントが目に飛び込んできます。億り人やFIRE（早期リタイア）を実現した人、家賃収入で左うちわの人など自由を謳歌している人たちのアカウントが気になってきます。

「本気で目指す億り人」

「無料お金の勉強会」

などと、うたうセミナーへの勧誘に心が揺れ動くことでしょう。

「ちょっと参加するだけだから」

そんな考えで甘い蜜に誘われるままセミナーに参加してしまったがために、不動産を買ってしまう人が多い。セミナーに参加してしまったら、ゲームオーバーの可能性が高い。

不動産会社からすれば、**飛んで火にいる夏の虫**です。

なぜ不動産会社がセミナーを開くのか、一度考えてみてください。

僕はセミナーが悪いとは思いません。しかし本もセミナーもネットも何でもそうですが、「誰が得するためにこれが今、目の前にあるのか？」「目の前にあるこれは、誰が得するために考案されたものなのか？」を考えてみてください。そうすれば、**儲け話のカラクリ**が見えてくるはずです。

利益が確定していないのは投資家だけという地獄絵図

新築ワンルームを買って大損した人が多数存在するということは、裏を返せば売って儲けた人たちがいるわけです。

2022年ごろから資材が高騰して難しくなりましたが、2020年くらいまでなら投資用ワンルームでもっとも儲かったのは開発会社です。開発会社が建築会社に安く建てさせて、利益を得ていました。1戸2500万円くらいの物件なら、10%以上の利益を乗せているはずです。

ということは、販売時点で200万~300万円くらい市場価格より高い。開発会社は社員の給料やオフィス代などのランニングコストがかかるので、利益を上乗せするのは当然です。しかし市場とあまりに乖離《かいり》した価格で販売されるという構造上の問題があるのです。だから、投資家は買った時点で**200万~300万円の損が確定**してしまいます。建設費をぼったくっていた「かぼちゃの馬車事件」のスマートデイズはやりすぎた例です。

新築ワンルームは、投資家が買った時点で開発会社も建設会社も販売会社も取り分、つまり利益が確定しています。儲かるかどうかがわからないのは買い手だけです。売り手側に利益を吸い取られるだけ吸い取られた物件を、投資家が高値づかみするというのが新築ワンルームの構図。物件の立地はどこで、施工は誰で、売るのはどの会社かといったことは、二の次三の次。

「誰得なのか？」

これを常に意識しましょう。

本気で不動産投資に突っ込んでいく熱量があるか？

それでは、不動産投資でだまされないようにするにはどうすればいいのでしょうか？

今一度、自分は不動産投資に手を出すべきかどうかを考えてみてください。

僕は不動産投資はやりますが、株やＦＸには手を出しません。株やＦＸに精通していないからです。自分の領域外のことは、業者にだまされる可能性が高い。だまされなくても、**自分でやらかしてしまう**可能性もあります。

いくら儲かりそうでも、自分の未知の領域に足を踏み入れるのは怖い。僕の不動産会社経営は軌道に乗っていますが、だからといって飲食店を開いたら、きっと失敗します。自分の領域ではないからです。

自分が手がける領域を自分の中で熟成させるのが先決。とくに投資は自分の中で熟成させる前に手を出してはいけません。情報を収集し、学び、知識を蓄えて、少し寝かせて再び考え、新たな情報を収集するのです。味噌もチーズもウイスキーも熟成させるから味に深みが出ておいしくなるのです。

不動産投資という領域を自分の中で熟成させずに手を出すから、火傷《やけど》するのです。自分が熟成させた領域なら、営業マンの魂胆を見透かすことができます。情報の見定めと見極めが利くようになります。

そこまで到達する**意志と熱量**が自分にあるのか。まずこれを見極めるべきです。

不動産会社や営業マン、ましてや物件を選ぶのは、そのあとです。

まずは不動産投資が自分の領域かどうか、冷静に考えてみてください。

第3章

不動産投資で失敗しない思考法

不動産投資の究極の勝利の方程式「市況より安く買う」

インターネットにしろ、本にしろ、セミナーにしろ、ちまたには「こうすれば不動産投資は成功する！」というノウハウ（情報）があふれています。どれも一理あるものの、不動産投資にはたった1つの勝利の方程式があります。

「市況より安く買うこと」

不動産投資では、これが最初の課題にして最終課題でもあります。物件を市況（市場での取引の状況）より安く買うことに尽きるのです。新築ワンルームだろうが中古1棟ものだろうが、どんな物件でも市況より安く買えば大赤字になることはありません。失敗したと思ったら、すぐに売ればいいからです。

そんなの当たり前でしょ、と思うかもしれませんが、現実的には極めて難しい。現に、市況より安く買っている投資家はほとんどいません。8〜9割の投資家が市況より高く買っています。

たとえば新築ワンルームの危うさをさんざん指摘してきましたが、新築ワンルームの存在そのものが悪なのではありません。新築ワンルームでも市況より安く買えるのであれば、投資先として**検討する価値あり**です。ところが新築ワンルームは市況よりも数百万円高値で売り出されているから、買った瞬間から損が確定してしまうのです。


市況より安く買えなくても、少なくとも**高値づかみしない**のが不動産投資の鉄則です。高値づかみさえしなければ、新築でも中古でもどんな物件でも何とかなる可能性が高い。リフォームや運用、経営方法といった知識はあとから補えばいいのです。こうしたノウハウがどうしても自分に不足しているならば、誰か詳しい人に教えてもらえばいいのです。

しかし、高値づかみしないというスタートラインをみんな間違えるから、赤字になったり、売るに売れなかったりして苦しくなります。

不動産のおおよその市況は、誰でも調べられます。今ならインターネットで検索すれば、いろんな情報がヒットします。販売事例も出てきます。

実は、不動産会社しか見られないサイトがあります。それは「レインズ（REINS＝

不動産流通標準情報システム）」というものです。これは、国土交通大臣から指定を受けた不動産流通機構が運営しているコンピューターネットワークシステム。一般の人はレインズにアクセスできないので、親しくなった不動産会社に聞いてみるといいでしょう。

不動産投資ポータルサイトは当てにならない

市況を調べるとなると、まずは不動産投資ポータルサイトをチェックする投資家が多いでしょう。そもそも不動産投資に興味を持った人のほとんどが不動産投資ポータルサイトを使っています。

こうしたサイトには、全国の数万件の物件が掲載されています。ところが買う価値のある物件を見つけることは至難の業です。それこそ**100件に1件あるかないか**です。ポータルサイトは利用者が多いですから、いい物件が出てきたら、何人もの買い付けが入って取り合いです。不動産投資ポータルサイトで勝ち確物件を見つけて買うことは絶望的です。

不動産投資ポータルサイトは**ワゴンセールと同じ**です。売れ残った商品でもワゴンに入れておけば、お買い得そうに見えて誰かが買ってくれます。不動産投資ポータルサイトもこれと同様で、売れない物件でも掲載しておけば誰か食いついてくれるというわけです。

買う価値のある物件は、不動産投資ポータルサイトに掲載される前に売れてしまいます。買い手がすぐに付くので、わざわざ広告料を払って掲載する必要がないからです。

昔は違いました。こんなに不動産投資がヒートアップする以前は、不動産投資ポータルサイトにもチラホラいい物件が掲載されたものです。しかし、今はサラリーマン投資家が増え、業者も参入してきます。供給側より需要側のほうが圧倒的にパイが大きくなりました。だから、需要がある物件は不動産投資ポータルサイトに掲載される前に売れてしまいます。

不動産投資ポータルサイトで市況をチェックするのは大切ですが、不動産投資ポータルサイトに過度な期待をすることは禁物です。

不動産投資は早ければ早いほど果実が大きくなる

不動産投資で成功するもう1つの秘訣は、できるだけ早く着手すること。というのも、不動産投資は**「時間×規模」のビジネス**だからです。

物件を購入したら、賃料をもらう期間が長ければ長いほど儲かります。もちろん売却益を得るという方法もあります。しかし短期的な売り買いによって利益を得るのは、投資というより投機です。不動産投資は本来、買った物件を賃貸に出して、毎月家賃収入を得るというビジネスモデルです。

さらに1室持っている人より、100室持っている人のほうが多くの収益を手にできます。

時間が長ければ長いほど、規模が大きければ大きいほど、収益が大きくなっていくのが不動産投資です。

僕が不動産投資を始めたのは、30代になってからです。だから、20代で不動産投資を始められる人がうらやましい。30～40年にわたって不動産投資ができるからです。より長い時間をかけて、より大きな収益を得られる可能性があるのです。

それでは逆はどうでしょうか。40代、50代になってしまったら、不動産投資はやめたほうがいいかといったら、そんなことはありません。ただ50代になると融資を受けにくくなる可能性が高いです。

さすがに60代や70代から不動産投資を融資でスタートさせるのは難しい。ギリギリで50代半ばくらいではないでしょうか。

これを過ぎたら、それまでに蓄えた資金を元手にした融資を利用しない不動産投資か、別のビジネスを選んだほうがいいと思います。

それでも50代半ば過ぎから不動産投資を始めようとするならば、自分の代で財を成そうという考え以上に、家族のため、子どものために**資産を残すことを考えての投資ならいい**と思います。

注目すべきはキャッシュ化よりも資産化

素人のサラリーマン投資家は、毎月手にするキャッシュばかり気にしがちです。

サラリーマンによる不動産投資は、銀行から資金を借り入れるのが大前提です。毎月のローンの支払いよりも入ってくる家賃のほうが多ければ、キャッシュが残るという感覚です。

意外に、毎月の収支を黒字化するのは実は簡単です。ローンの返済期間を長くすればいいいのです。

ローンの返済期間を長期の35年や40年にすれば、毎月の返済額が小さくなります。そうすれば、家賃との差し引きで黒字になってキャッシュが生まれやすい。すると、あたかも**儲かっているような錯覚に陥る**のです。

よく考えてみてください。ローンの返済が終わっていない部分をあなたの資産といえるでしょうか？　資産の考え方にもよりますが、僕は銀行に返済し終わった分が自分の資産になると考えています。返済していない分は、まだ自分の資産ではなく、借金をしている銀行の持ちものです。

35年ローンなら35年経たないと、すべてが自分の資産にはなりません。

果たして35年後、築古となったその物件は市場価値があるでしょうか？　35年後、近所に建った新築アパートと戦えるでしょうか？　家賃はどれだけ下がっているでしょうか？

不動産投資の際に注目すべきは、キャッシュが出るかよりも、むしろ**資産性**です。もっといえば、**残債がどれくらいの速度で減っているか**です。

借金を返済するにつれて、自分の資産部分が増えていきます。これと反比例するように、築年数が増えて市場価値は低下していきます。

COLUMN

取引価格と残債の関係

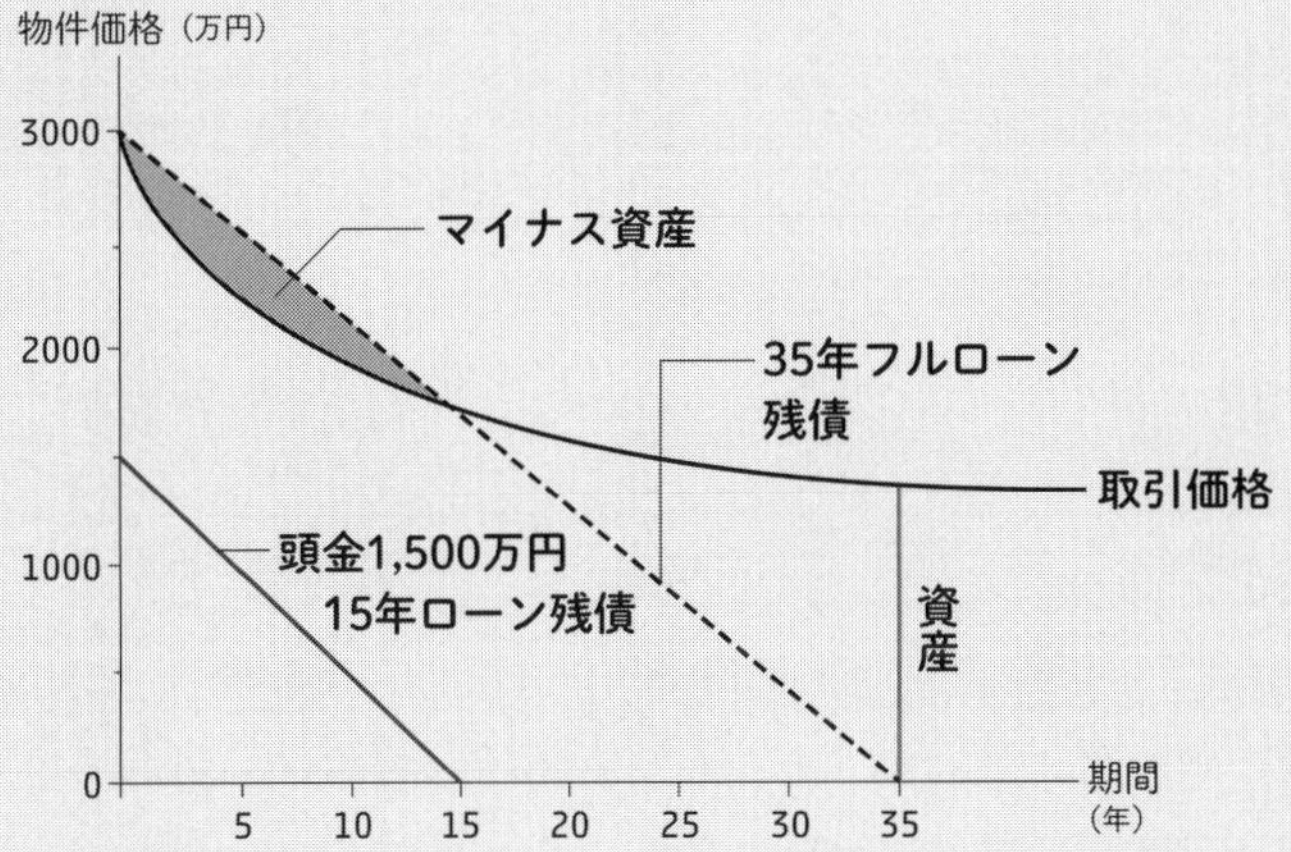

3000万円の物件を買うとします。

35年のフルローンを組むと、当初は残債よりも取引価格のほうが低い「マイナス資産状態」になります。ローンを払い終えて、すべて自分の資産になるのが35年後です。

一方、頭金を1500万円入れて15年ローンにすれば、残債よりも取引価格のほうが常に高い状況。売ろうと思えばいつでも売れます。

元金が減ったとき、すでに築古になって市場価値のない物件になっていたら、資産性が乏しい。逆に市場価値があるうちに残債を減らせば、価値ある自らの資産となるのです。

残債の減る速度とその物件の価値が低下していく速度があります。この2つを見極めなければなりません。

表面利回りの高さに飛びつかない

収益物件を探すときに気になるのは「利回り」です。

利回りとは、投資額に対するリターンの割合です。

式にすると、

利回り＝年間家賃収入÷物件価格×１００

たとえば、物件価格が２０００万円で年間家賃が２００万円なら、利回りは10%です。

数字で表されるので、物件の収益性を知るにはわかりやすい指標です。

この利回りには、大きく2種類あります。**表面利回りと実質利回り**です。

不動産投資にはランニングコストがかかります。修繕積立金もあります。ケーブルテレビやインターネット回線に加入する物件もあります。町会費もかかります。田舎に行くと下水が整備されておらず、浄化槽の物件もあるでしょう。こうした必要経費を引いたものが実質利回りです。入居者の退去に伴う原状回復費などがかさんで、家賃の数カ月分が一気に吹っ飛ぶこともあります。

表面利回りが10％でも、いろんな経費がかかってあれよあれよという間に実質利回りが5％くらいということが起こりえます。

そして何より空室リスクもあります。

表面利回りは収益性の目安にはなっても、その良さだけに飛びつくのは危険なのです。

都会と地方、どっちが儲かる？

「23区内の駅チカ物件がおすすめ！」

「いやいや、地方がねらい目！」

……など、投資先は都市部がいいのか、それとも地方がいいのか、不動産のプロと呼ばれている人たちの間でも意見が分かれるところです。これは**投資家の階層**によります。つまり、資金がどれくらい厚いかです。

1億円以上の貯えがあったり、年収が数千万円あったりするような富裕層なら、都会の物件で勝負できます。

都会の代表格は東京ですが、都内の物件は利回りが低い。イメージとしては、地方と比べて半分くらいと思ってもらっていいでしょう。それだけ**収益性が低い**のです。ただ、資金に余裕がある富裕層は目先のキャッシュを重視していないはずです。それならば、頭金を多く積んでローンの返済を圧縮して早期の資産化を実現できます。

たとえば都内で利回り5％で1億円の物件を購入すれば、投下資金の回収には20年かかります。しかし5000万円の頭金を入れてしまえば、半分の10年で残債はなくなります。富裕層は実質的に**利回りすらコントロールできる**のです。

長期的に見ると、都内の物件は地方のものよりも価格が落ちにくい。そのことを勘案しても、富裕層の長期的な資産運用なら都会の物件が向いています。

今すぐキャッシュが欲しいというわけではない富裕層は、都内でのんびり投資することができます。

一方で、資産が1000万～2000万円くらいの富裕層以外の人は、利回りの低い東京の物件では勝負しにくい。

利回り10％の物件なら、購入価格を10年間の家賃で回収できます。

ところが1000万円も預貯金がない人が1億円で利回り5％の物件を買うとなると、1億円近く借金しなければなりません。この点が富裕層との決定的な違いです。そうなると、購入コストの回収に20年もかかってしまいます。なおかつ、頭金が少ない分、残債が減るペースが遅い。いざというときに売り抜こうとしても、残債よりも売却価格のほうが低くなって、大幅な赤字になってしまう危険性が高い。しかも購入コストに預貯金を使い切ると手持ち資金がなくなり、生活面すらかなり危険な状態になってしまうのです。

頭金で5000万円入れている富裕層は、もしものときに損切りしやすい。なぜなら残債が最大5000万円しかないからです。たとえ8000万円に値下がりしたときに売っても、残債を一括返済しても3000万円が手元に残ります。

しかし準富裕層が1億円を借りて、残債が9500万円あったとすると、8000万円で手放しにくい。売却すると1500万円も借金が残るからです。

このため、準富裕層は都会で勝負しにくいのです。

逆転するなら地方を攻めろ！

あなたは逆転したいのですよね？

それなら、**地方**です。東京ではありません。東京は資産1億円以上のお金持ちに任せておきましょう。

それに東京は競合が多い。東京の場合、自分だけに物件情報が来ることはまずありません。ところが地方なら、自分だけに情報が来ることがワンチャンあります。

僕は仕事がら年中不動産に携わっています。それでも東京では「僕だけ」の物件情報は来ません。

ところが地方は来ます。それどころか僕は地方にネットワークをつくっているので、地域によっては最初に僕に情報が入ることも少なくありません。

不動産投資で成功するためには、不動産投資ポータルサイトに掲載される前の情報をつかむのは当たり前。不動産業者も富裕層もひしめく東京で情報戦争に勝ち抜くのは、至難の業ですが、地方なら十分可能です。

サラリーマン投資家でも、地方なら不動産会社からいち早く情報をもらえるチャンスがあります。

地方にこそ、**逆転のチャンスが転がっている**のです。

ただし、賃貸経営をするにあたって、地方は人口が少ないというデメリットがあります。

だから地方ならどこでもいいわけではありません。

たとえば、どれだけ利回りが高くても、九州の離島の物件を買うかといえば、僕は買いません。

エリアはある程度、見定めしないといけません。それでも地方のほうが利回りが高いので、加速度的に資産を形成していきやすい。今から始めて、**短期間で加速度的に利益を得たい人**には地方が向いています。

地方の二番手、三番手都市がねらい目

高校のクラスで一番かわいい女の子は男子全員に人気です。男子みんなが付き合いたい。しかし競争率が高すぎて、付き合ってもらえません。強豪校の野球部のエースで4番のイケメンで秀才に勝てるわけがありません。

投資物件の人気上昇エリアランキング
（2020年4月30日～2023年4月30日）

順位	都道府県	上昇率（%）	順位	都道府県	上昇率（%）
1	和歌山県	160.3	25	島根県	133.1
2	岐阜県	157.1	26	宮崎県	133.1
3	奈良県	154.6	27	福島県	133.0
4	茨城県	150.3	28	鹿児島県	132.9
5	佐賀県	149.4	29	高知県	132.6
6	滋賀県	146.8	30	京都府	132.5
7	三重県	145.7	31	福岡県	131.8
8	千葉県	143.0	32	愛知県	131.0
9	埼玉県	141.7	33	香川県	130.8
10	長野県	141.7	34	大阪府	130.8
11	徳島県	141.4	35	新潟県	130.4
12	静岡県	139.8	36	広島県	130.3
13	岩手県	139.6	37	大分県	129.9
14	山梨県	139.1	38	山形県	129.8
15	沖縄県	138.7	39	秋田県	129.4
16	群馬県	138.1	40	宮城県	128.2
17	栃木県	137.2	41	石川県	126.6
18	長崎県	136.9	42	北海道	126.6
19	愛媛県	135.8	43	福井県	126.6
20	神奈川県	135.6	44	鳥取県	125.8
21	青森県	134.7	45	岡山県	122.7
22	兵庫県	134.6	46	富山県	122.4
23	熊本県	133.8	47	東京都	120.3
24	山口県	133.1			

言い方は悪いですが、それならクラスで一番ではないけど自分と性格が合う、趣味が合う、愛嬌があるなど部分的にポジティブを見いだせる女の子なら可能性はあります。すべてにパーフェクトを望まないほうがチャンスはあります。

これは不動産投資も同じです。地方がおすすめといっても、県庁所在地は競争率が高く、おまけに利回りが低い。同じ県内でも**二番手、三番手の都市がねらい目**だというのが僕の考えです。

静岡市内で利回り10％の鉄筋コンクリートで築20年くらいの物件があったら、本当は欲しい。しかし、そんな物件はみんなが欲しい。買い手の競争率が高いので、なかなか手に入りません。逆転したい人は避けたほうがいい。

ところが男はアホなので、すっぴんでべっぴん（美人）を狙いにいく。しかし、すっぴんでべっぴんの物件なんて、お金持ちが根こそぎ持っていってしまうに決まっています。見た目は二番手、三番手でも中身がいい物件をねらったほうがいいのです。

今、自分の前を走っている人たちと同じ土俵で戦っては、いつまで経っても勝てません。別の土俵に立つのです。大リーガーの大谷翔平選手に野球で勝てるわけありませんが、同じ球技でも**温泉スリッパ卓球なら勝てる**チャンスがあるのです。

400戦無敗で引退したブラジルの格闘家ヒクソン・グレイシーは、勝てる試合しか受けなかったそうです。**自分が勝てる土俵で勝負する**のは、勝負師の鉄則です。

僕は先日、北海道の旭川の物件を山岸さん（仮名）に紹介しました。旭川市は人口約30万人で、北海道では札幌に次ぐ規模です。つまり二番手都市です。この物件は24室のうち3分の1の8室が空いていました。しかし、僕はおすすめしたのです。なぜなら、そのとき札幌の物件は利回りが10％弱、9・5％くらいで取引されていたのに、旭川のその物件は満室想定で利回り12・8％と高かった。

利回りも大事なのですが、度重なる調査と分析の結果、潜在的な収益性のポテンシャルが十分にあると判断したからです。そして前提として山岸さんはすでに不動産投資の経験があるので、運用のノウハウは持っていました。

実際に山岸さんはこの物件を購入して、僕が修繕のアドバイスと客付けのコツを伝え、1カ月ほどですべての部屋を満室にしました。結果、今では家賃も多少上げることができ、利回り13％でまわっている状況です。

それでは、なぜ空室がすぐに埋まったのでしょうか？　一番は山岸さんの熱意です。山岸さんは地元の仲介会社を1軒1軒あいさつにまわって、「うちの物件をお願いします」と売り込みました。しかし、同じことを営業マンがしても簡単には満室になりません。大事なことは誰が？　どれくらいの**熱意と戦略と行動力でコミットするか**です。ここで重要なのがオーナーの熱意なのです。

もちろん北海道には過疎化が進んでいるエリアがあります。どんなに戦略が良くとも実らない努力もあるのです。そこだけは気をつけないといけません。

人気の街の隣り街もねらい目

地方の物件をねらうといっても、土地勘がないと手を出しにくいかもしれません。それなら、**自宅の近郊エリア**を検討してみましょう。

東京23区内在住なら多摩エリアや埼玉、神奈川といった近郊のベッドタウンです。ホームズの2023年「借りて住みたい街」首都圏版の1位は本厚木（神奈川県）、2位は大宮（埼玉県）、3位は八王子（東京都）でした。これらの街は首都圏近郊でも、賃貸ニーズが高いことがわかります。

ただ、こうしたランキングで上位に入ると、人気がさらに上昇します。

僕なら本厚木ではなく、その**隣り街**をねらいます。

週末になると自分の物件を見に行くのを楽しみにしているサラリーマン投資家がいます。自宅の近郊に物件を持っていれば、そうしたことが可能になります。仕事の息抜きにもなるでしょう。しかし大事なことは自宅と物件の距離ではないのです。

自分の物件が可愛いくて本当に自分の柱、分身になって欲しいという想いがあるなら、愛着を持って時には心配なら足を運び、時には掃除をし、入居者さんが快適に住みやすい住環境を提供するべく、**物件に息吹を吹き込む**ことがなにより大事なことなのです。

地方の中古1棟もの推しの投資家が増加中

僕自身のことをお話しすると、地方の中古1棟アパート・マンションしか買いません。ワンルームには手を出しません。

実は最近、**地方1棟もの推しの投資家**が増えています。

なぜなら、成功事例が増えてきたからです。

地方の中古1棟もののおすすめポイントは、高利回りであること。利回りは東京都心よりも高い。利回り10％以上の物件も散見されます。東京都内で利回り10％の物件は、まずありません。

エリアにもよりますが、地方のほうが東京より少なくとも2～3％は利回りが高いのは前述のとおりです。

ただ地方1棟ものの人気上昇の影響からか、都会と地方の利回りの差が縮まってきています。最近では、地方の四番手都市にある築20年くらいの一棟ものが、利回り7％くらいで取引されることがあります。僕はこの低い利回りでは絶対に買いませんが、それでも買い手が付く状況です。

もう1つのメリットは、人気が出てきたといっても、地方の1棟ものはライバルが少ない。まだまだ**競争率が低い**のです。

地方なら割安感のある1棟もの

ただし、地方は都会ほど入居者の需要が見込めないのもまた事実。この逆風をリカバリーしないといけません。

具体的な物件の探し方は第5章で詳しく説明します。

年収500万~600万円なら、本業の昇給を優先する

10年くらい前までは、医者がワンルームを複数戸購入するというパターンが目立ちました。それが**すべて赤字で火の車**になっているという相談が僕のところにも入ってきます。

さすがに近年は医者のコミュニティーで「ワンルームには気をつけろ」といった情報が共有されるようになってきたそうです。これにはSNSの発展も関係していると思います。情報を共有しやすくなったのです。かつてのようにワンルームを大量買いする医者は減りました。

すると不動産会社は年収500万~600万円の層も狙うようになりました。1人に複数戸を売るのではなく、多数に1戸ずつ売る戦略も取り入れているのです。

「自己資金ゼロで始められます！」という営業トークは、こうした自己資金が手薄な層を

ターゲットにしているものです。

これくらいの年収の層の人たちは、資産形成というワードに弱い。「自己資金ゼロで資産形成できるなら」と、ワンルームに飛びついてしまうケースがあるのです。

全額をローンでまかなうフルローンで買ったり、中には諸経費などを含めて購入価格以上の資金を借りるオーバーローンで買ったりする人もいます。

しかし、不動産投資は自己資金がなくて始められるほど甘くありません。1〜2年かかるかもしれませんが、数百万円貯めてから物件を購入しても遅くはないと思います。情報収集と勉強だけは、今から始めておけばいいのです。

もし焦ってワンルームを買ってしまうと、本来はもっと選択肢があったのに、融資枠の多くを使ってしまって、それ以上買えなくなってしまいかねません。

物件価格が安くて競争率が低い地方なら、年収600万円くらいでも1棟ものを買える可能性があります。都会のワンルームを買ったがために、その可能性をつぶしかねないのです。

不動産投資を始めるなら、**年収800万円以上で、最低でも1000万円の自己資金**を貯めたほうがいいというのが僕の考えです。その預貯金の備えは大変です。しかし、その備えはすべてあなたの将来のリスクを軽減するためです。

年収500万~600万円の人は、これから本業で年収を800万円、1000万円と上げていける可能性があります。

今、やるべきは不動産投資か、それとも本業で成果をさらに上げることか。

よく考えてほしいと思います。

第4章

成功する不動産投資の始め方

いい物件を買うには業者側に立つしかない

これまで説明してきたように、サラリーマン投資家に流れてくるのは、ほとんどが**最下流の情報**です。すでに売り手側の利益が乗せに乗せられていたり、売れ残ったりしている物件をつかまされて、儲かるはずはありません。

川にたとえれば、上流・中流・下流のうち、下流の下流の最下流。もうすぐそこは海という河口の水を飲まされるのがサラリーマン投資家です。

廃水で汚染されているどころか、海水が混ざっていて、まずくて仕方のない水です。そんな水を飲んだらお腹を壊すだけです。

ところが、上流にさかのぼっていくほど水がきれいになっていきます。そして最上流の源流では価値あるきれいな水が湧き出ています。きれいな水を飲むなら、この水源にたどり着くしかありません。

もし自力で源流に行けないなら、源流をつかんでいる人と組まなければいけません。

河口にいては一生、価値ある情報はつかめません。

本当に不動産投資で成功するなら業者しか知らない情報、もしくは業者もまだ知らないような情報をつかむしかない。

お客さん側ではなく、業者側に立たなければならないのです。

上流の情報をつかんで物件を購入すれば、運用が多少下手でも何とかなります。

いくらインターネットで調べたり、本を読んだりしても、業者側にはいけません。不動産会社と片っ端からセッションしていくしかないのです。

実践の中から学ぶしかありません。

最初から物件を探し始めてはいけない

「それじゃ、不動産会社に行って物件探しをすればいいのか！」

と思ったあなた！　ちょっと待ってください。

逆説的な言い方ですが、いい物件を見つけるためには、物件を探してはいけません。


いきなり物件探しをしないこと。これが最初の一歩です。

最初に物件を見つけようとすると、どうしても自分が欲しくなるような物件ばかりに目がいきます。しかも融資を使って、レバレッジをかけるのがサラリーマンの不動産投資です。たとえお気に入りの物件を見つけたところで、銀行がお金を貸してくれなければ、自分の計画は絵に描いた餅《もち》に終わります。

つまり物件探しから始めると、それまでの行動がすべて台無しになる可能性があるのです。

たとえば、東京に住む北海道出身者のケースを考えてみましょう。思い入れも土地勘もある北海道の物件が気になるとします。不動産投資ポータルサイトでお気に入りの物件を見つけて、東京のA信用金庫に融資を相談に行きました。

「不動産投資ですが、ちょっと待ってください。あなたにお金を貸すことができるかどうか審査させてください」

「北海道でいい物件を見つけたんですよ」

「北海道ですか……。そもそも、うちは北海道に支店がないので、その物件に融資はできないですよ」

と言われたら、その物件を見つけた労力がすべて無駄になってしまうのです。

資金があって現金払いなら、物件探しから始めてかまいません。しかし融資を受けてレバレッジをかける以上、自分主体で物件探しに動いてはいけません。

北海道の物件が欲しいなら、北海道であなたに融資してくれる銀行を都内で見つけるのが先です。

不動産会社より前に、銀行にアプローチする

まずアプローチすべきは、不動産会社や物件ではありません。銀行です。職業や収入、貯蓄、居住地といった自分の属性に対して銀行が「どれくらい融資をしてくれるのか？」「どこの地域の物件ならお金を貸してくれるか？」をリサーチするのが先です。

結局は、銀行がＯＫと言ってくれるエリアの物件しか買えません。これが**サラリーマン投資家の宿命**です。

たとえば、東京に住んでいるとします。Ｂ銀行から「埼玉と千葉なら支店があるからいいですよ。ただ、○○さんは投資経験が浅いから、まずは３０００万円以下の物件にしてください」と言われたとします。ということは、自分は５０００万円くらいの規模の物件

が欲しくても、５０００万円の物件を探してはいけません。銀行が示唆してくれる部分、つまり1件目は３０００万円くらいにして、千葉や埼玉の物件にすればいいんだ、と自分が探すべき物件のターゲットを絞れます。

物件を探すのはそれからです。やみくもに物件を探すのではなく、銀行の知恵を借りてターゲットのエリアや価格を見極めるのが第一歩です。

どのエリアで、どのくらいの価格の物件なら、自分に融資してもらえるのか。第三者である銀行からどう見られているのかを把握することからスタートしましょう。

物件を見つけてから融資の相談をするというのでは、順番が逆なのです。

銀行を5行～10行調べたら、おおよその自分の立ち位置（融資範囲）をつかめます。

一般的によい物件をまず探すことは叶わない幻想なのです。ポイントは主観と客観は順番が逆ということです。

まずは客観の見解から自分を分析し、周りから見た時の自分の属性、その時のあなたに相応しい購入金額、購入エリア、条件を導き出すのです。

銀行は不動産屋任せにせずに自分で探す

銀行の中でも、もっとも営業エリアが広いのが全国に支店があるメガバンクです。しかし、メガバンクが投資経験の浅いサラリーマン投資家の不動産投資に融資してくれることはまずありません。自己資金が最低でも5000万円、場合によっては1億円くらい持っていないと相手にしてもらえません。

現実的には地銀と信用金庫、ノンバンクの3つの中から融資してくれるところを探すことになります。

ただし融資可能エリアが限られるのが地銀や信用金庫。どのエリアの物件でも融資してくれるわけではありません。

ノンバンクとは、オリックス銀行、イオン銀行、三井住友トラスト・ローン&ファイナンスや新生インベストメント&ファイナンスなどです。ノンバンクはエリア限定ではありませんが、金利が高い傾向があります。

銀行探しは不動産会社任せにせずに自分でやりましょう。まずは銀行に電話でアプローチします。勤務先や年収、預貯金額、住宅ローンの有無、投資経験などを説明して、どのエリアでどれくらい借りられるかを探っていきます。場合によっては直接銀行に出向いて担当者に会いに行き、面前で説明することも必要です。

実はこの銀行探し、圧倒的多数のサラリーマン投資家がやりません。いきなり物件ばかり探しているから、いつまで経っても買えないのです。

不動産会社も「この人は銀行の都合を無視して、自分のことしか考えていない」と見透かしています。だから不動産会社はいつまで経ってもあなたに良い物件を紹介しようという気にならないのです。

そこを逆手に取るのです。

「北海道なら1億円貸してくれる銀行が2つあります。御社で北海道のこういう物件はありますか?」

と自分から不動産会社に投げかけるのです。そうすれば、

「この人の融資可能な物件を探してみよう」

と不動産会社に思ってもらえるはずです。

営業マンがすすめる物件の中から選ぶのではありません。自分が希望する物件を**営業マ**

ンに見つけてきてもらうのです。この時点ですでにあなたは、ポジションが取れていることにお気づきでしょうか？

そうなんです。下流からの脱出は、ポジションを確立することでもあるのです。銀行にアプローチをしたことにより、購入可能なエリアや融資可能金額がわかるだけではなく、不動産屋さんを動かすことができるポジションを手に入れたのです。このことが自立した**投資家になるための第一歩**なのです。

こうしたことを不動産会社はアドバイスしてくれません。不動産投資ポータルサイトで自分とは縁のない物件を探しているのは時間の無駄です。

かつては収益物件を買う際に、住宅金融公庫から融資を受けるのも一般的でした。ところが最近は不動産融資をほとんどしなくなりました。

ただ政府系の金融機関とつながりを持つのも、ムダではありません。もしかしたら、不動産融資を再開するかもしれないので情報は収集しておくべきです。

いい銀行よりもいい銀行「員」を探せ！

銀行というと、ブランド力や知名度が高いほうが信頼できると思いがちです。ところが、そうとも限らないのが面白いところです。

各都道府県の一番手の地方銀行（地銀）には、地元の国立大学を出た優秀な人材が集まっています。だからといって、必ずしも良心的な行員ばかりではありません。僕は、驚くほど信頼できない地銀の行員を見てきました。問題を起こして解雇された行員もいました。

僕は決して知名度が高くない信用金庫とも取引していますが、実は、そういうところにこそ**頼れるエキスパートの職員がいる**ものです。

銀行の看板よりも、**自分とタッグを組んでくれる信頼できる「いい銀行員」を探す**こと。これが大切なのです。

銀行に電話でアタックして、感触が良さそうだったら実際に会いに行きます。目的は融資をしてもらうことです。ですが忘れてはいけないのが、「この人とだったら、タッグを組みたい」と思えるような行員かどうかを見極めること。まずは地元密着、地域貢献型の信用金庫からアプローチしてみるといいでしょう。

いよいよ物件とエージェント探しに着手

銀行に当たりを付けたら、ようやく物件探しです。

ここでも不動産投資ポータルサイトは使いません。ポータルサイトに掲載される前に、いい物件の取り合い競争の勝負は決しているからです。ワゴンセールの商品をいくら見ていても仕方ありません。

不動産会社がポータルサイトにアップする前に物件情報をつかまなければなりません。というと、「未公開物件」とインターネットで検索することでしょう。「会員になれば未公開物件が見られます」「会員限定未公開物件」といったウェブサイトがいくつもヒットします。これは集客、会員（あなたの個人情報）を集めるためのセールスフレーズです。会員登録するだけで見られるのは未公開物件ではありません。会員向け公開物件です。「ここだけの秘密」が、ここだけだった試しはありません。

僕が言っているのは、会員だろうが誰だろうが、インターネットからは情報を得られない物件を見つけるということです。

水面下の情報をつかむには、自分で不動産会社にアプローチするしかありません。銀行から「このエリアなら融資します」と言われたエリアの不動産会社を自分で当たっていくのです。

この不動産会社まわりには、2つの意味があります。

1つは、そのまま**ズバリ物件探し**です。自分が欲しい物件を探すために不動産会社をあたります。

もう1つは、自分の代わりに物件を探してくれる**エージェントを見つける**ことです。自分1人で物件探しができれば、それに越したことはありません。しかし、本業を持ちながら物件探しをするのは簡単ではありません。

そこで必要になるのがタッグを組むパートナーです。自分の代わりに物件を探してきてくれる不動産会社、不動産営業マン（エージェント）がいるのがベストです。

自分の足で不動産会社を1軒1軒まわる

ところが、ここで大きな壁にぶつかります。良心的な不動産会社を見つけようにも、なかなかないからです。**ほとんど絶滅危惧種《きぐしゅ》**です。

超アナログ的手法ですが、とにかく自分で足を運んで探すしかありません。不動産会社に行ってみないと、そのお店の雰囲気や何を主軸にビジネスをしているのかがわかりません。僕自身、かつて全国の不動産会社をまわりました。

自分が物件を買いたいエリアの不動産会社は、インターネットで探せます。

僕の場合、訪問する前にまずは電話でアプローチします。メールでは熱量が伝わらないからです。

ここは**人と人**です。僕のところにも、お客さんからしょっちゅうメールが入ります。「投資家ですが、神奈川で活動しております。御社のホームページを拝見したので、ぜひこういう物件があれば資料を送ってください」といった内容です。そういうメールに対して、僕が物件を紹介することは絶対にありません。メールでは熱量が伝わってこないからです。よほど集客に困っている不動産屋さん以外は、決まりきった投資家のテンプレートを鵜呑みにするほどアホではありません。結論、**電話×訪問で熱意を伝える**というのが僕のやり方です。

まわるのは、収益物件専門の不動産会社に限りません。財閥系の大手不動産会社から、駅前でおじいさんが1人で細々やっている小さな不動産屋まで、最初は自分の感覚でいいのでリストアップして精査してからアプローチします。

三井や住友、東急といった大手系は情報収集力が高い。全国に支店があり、多くの社員を抱えているからです。ただ顧客もたくさん抱えています。このため、自分1人にだけ物件を紹介してくれる確率は下がります。

逆に小さな不動産会社が耳寄りな情報をこっそり教えてくれることがあります。

不動産会社にアプローチするときは、ある程度は物件のイメージを明確にしたほうがいいでしょう。たとえば、「1棟アパートで予算5000万円くらいのを探しています。木造もしくは軽量鉄骨で、8~10世帯の物件があったら、情報をいただけないですか?」といった具合です。「銀行からすぐに物件情報を持ってきてほしいと言われてるんですよ」と付け加えましょう。そうすれば、不動産会社も探しやすい。

これだけ準備して来られたら、不動産会社から**一目置かれるはず**です。

駅前の賃貸屋さんは地域の売却情報通

不動産会社といっても、駅前の賃貸屋もあれば、売買仲介専門の店舗もあります。しかし、不動産会社が得意とする領域は気にする必要はありません。投資物件を探しているからといって、アプローチするのは、投資専門の不動産会社でなくていいのです。

むしろ、駅前にある仲介を中心にした不動産屋さんのほうが、いい情報を握っていることもあります。

駅前仲介不動産は投資物件の専門家ではありませんが、地域の賃貸物件を管理しています。ということは、オーナーとつながりがあるのです。オーナーが物件を売ろうと考えたとき、最初に相談するのは日ごろから付き合いのある管理をお願いしている不動産会社というのはよくあるパターン。これらの多くは地域の物件を数多く手がけているからです。このような会社は普段は売買物件を扱っていないかもしれませんが、売却情報がいち早く舞い込む可能性が大きいのです。

だから、売買を手がけている不動産会社だけがターゲットというわけではありません。

売買を手がけているところも含めて、いろいろな不動産会社を当たるようにしましょう。

地方なら「おいしいお寿司屋さん作戦」

地方の港町に行ったとします。おいしいお寿司が食べたくなって、タクシーの運転手さんに「おいしいお寿司屋さんはどこですか？」と聞くと、「だったらあそこしかないよね」という反応が返ってくるものです。ネットの評価が高い店と、地元の人に人気の店が必ずしも一致するわけではありません。

これと同じようなことが不動産業界にも当てはまります。

地元のことをもっともよく知っているのは地元の人。

「どこかいい不動産屋は知りませんか？」

と地元の人に聞いてみるのです。たとえば管理会社に、

「このへんの不動産屋さんで、この人できるなという営業マンいますか？」

「どこの不動産屋さんがたくさん売っていますか？」

と聞けば、情報を教えてくれるかもしれません。

大きな都市ではなかなか難しいかもしれませんが、地方の二番手、三番手の街なら規模

が小さいので、わりとすぐに評判のいい不動産会社が見つかるはずです。

いい営業マンは街に1人いるかどうか。不動産会社はコンビニの数くらいありますが、デキる営業マンは本当に少ない。

少ない分、かえって街の何人かの人に聞いたら、同じ人が挙がりやすい。

「良い不動産屋さんのうわさは聞きますか?」

と聞いて、

「ろくな所ねえよ」

と返ってきたら、隣町に行くか、自分で開拓していくか、そこはあなた次第です。

宅建業の免許番号は気にしない

「宅建業免許番号が5以上なら信頼できる」

などといわれることがあります。免許番号は更新回数です。かつては3年に一度、今は5年に一度の更新です。つまり、番号が大きければ大きいほど歴史がある会社ということです。

ただし歴史があることと、良い情報があることは別問題。新しく開店したラーメン屋よりも創業30年のラーメン屋のほうがおいしいとは限らないのと同じです。

たまに「50年続いている不動産会社だから信頼できる」といったポジショントークをした欲深いユーチューバーがSNSに上げていることがあります。営利目的100%で素人をカモにしたいだけですね。50年続いていようが、**悪いやつは悪い**。

そもそも免許番号はお金で買えます。社長が高齢で廃業する古い駅前不動産会社を買収すれば、免許番号10からスタートすることも可能です。

逆に免許番号1の不動産会社は信用できないとも限りません。スタートアップでやる気満々の営業マンが在籍している可能性があります。

本当に不動産業界は奥が深い。テクニック、ノウハウ以上に人に帰属しているビジネスです。ネット社会の現代のように見えますが、**アナログにこそ価値がある**のです。

宅建業免許

デキる営業マンを見つけ出す

売り主は高く売りたい。

買い主は安く買いたい。

この両者の主張がぶつかり合うので、簡単には売り買いが成立しないのが不動産取引です。そこをうまくマッチングさせるスキルがある営業マンが意外と少ない。

売り主が納得して、買い手も困らない金額でまとめるスキルがある仲介人がいれば、一瞬で売り買いが成立します。

たとえば、ポータルサイトで1億円で掲載している売れ残り物件があるとします。これが半額の5000万円なら一瞬で売れます。

「いい物件がない」と嘆いている投資家がとても多い。しかし、いい物件がないのではありません。**良い物件にできる営業マンと出会えていない**のです。

いい不動産会社を見つけたからといって、すべての営業マンが優秀だとは限りません。売り買いの落としどころを見つけられる営業マンと出会わないとならないのです。

不動産会社まわりは、優秀な営業マン探しのためでもあるのです。

平日でもすぐに動けるように時間を確保する

不動産投資で成功している人の共通点の1つは、**時間の融通が利く**こと。時間の融通の利かない年収5000万円の人よりも、時間の融通が利く年収1000万円の人のほうが圧倒的に有利です。フットワーク軽く内覧に早く行けるということは、売り主と早く商談できるからです。

不動産会社から情報のフィードバックがあったときは、メールや電話で済ませずにすぐに出向きましょう。そうすると、**「この人はフットワークも軽いんだな」**と、本気度が伝わります。不動産会社はフットワークが軽い人が好きです。

売り主の「売りたい」という情報を伝えても、「すみません。仕事が忙しいので、今月は無理です。来月、物件を見に行きます」と返されては、「もうこの人はいいや。別のお客さんを紹介しよう」となってしまいます。

自分の足で不動産会社をまわって情報をもらったら、すぐに駆け付けるようにしましょう。そうしないと、せっかくの物件が逃げていってしまいます。そうならないように、時間を確保できる状況をつくることです。

物件を内覧するのは土日に限りません。ところが普通のサラリーマンは、平日には動けません。

サラリーマン投資家によっては、急に有給休暇を取って内覧に行きます。「親族が亡くなった」と会社をあざむいて休む人すらいます。ここ数年のコロナ禍では、濃厚接触者になったとうそをついて会社を休む投資家がたくさんいました。それくらいやらなければ、いい物件は手に入りません。

物件を勝ち取るためには、ありとあらゆる手段を使って時間を確保して、すぐに行動に移すことが大事です。

不動産は早い者勝ちです。

「この物件はこういうところが心配で……」とああだこうだと愚図《ぐず》る人には、物件情報が来なくなります。せっかく物件情報をくれたのなら、不動産会社にきちんと対応してあげるべきです。メールの返信1つ、電話応対1つを迅速にていねいにすべきです。

銀行との折衝もそうです。銀行は平日しか営業していません。だから平日に動けないといけないのです。

さきほど東京在住の人が北海道の物件を買う話をしました。本来は距離の問題ではないのですが、現実的にはなかなか難しい。北海道に毎週行けるかというと、そうはいかないからです。まずは自分が住んでいる場所の近くから経験を積んでいくのも勉強です。

すぐ動く、すぐ見に行く。

これが鉄則です。

のんびりするのは、物件を買ってからでも遅くありません。

自分が買った物件を満室にして、やることがなくなってからのんびりしましょう。

営業マンと仲良しになって値づけ前に情報をつかむ

不動産会社から情報が入るようになると、気になる物件が出てくるでしょう。その適正価格が500万円くらいなのか、1000万円くらいなのか、はたまた5000万円くらいなのか。相場がわからなければ、高値づかみしてしまいかねません。相場観を養う必要があるのです。

といっても、不動産投資ポータルサイトを見ていても相場は把握できません。ポータルサイトの価格は**本当の市況価格ではない**からです。不動産ポータルサイトは売主が不動産会社に依頼した価格です。つまり「小売り希望価格」です。小売り希望価格と市場の価格が一致するとは限りません。オーナーと交渉すれば値引きしてもらえる可能性がありますが、すでに値づけされているとなかなか難しい。

理想は、**値づけされる前の段階で交渉**すること。今から物件を売ろうとしている売主が不動産会社に査定を依頼する段階で、自分に情報が来るようにしたい。しかし、これは極めて難易度が高い。

それでは、そんな上流の情報を、どうやったら手に入れられるのでしょうか?

いち早く売却情報をつかむには、不動産会社の営業マンと仲良くなるしかありません。不動産会社も迷います。売り主から売却の相談があったとき、いくらの値づけをすればいいのかを悩みます。

不動産の価格は、あってないようなものです。

「今の市況感なら利回り9％だから、9・2％くらい（になるような値段）で出しておけば、この売主さんは満足してくれるかな？」

と簡単な査定と感覚的に値づけすることが多い。このとき、相談できる投資家がいれば、

「こういう物件の売却情報が来ているんだけど、利回り9・2％だったらどうですか？」

「いや、9・2％は難しいですけど、9・5％なら僕が買い付け出しますよ」

「じゃ、お願いします」

といったやり取りになるのです。不動産会社は売主に対して、

「9・2％は難しいですけど、9・5％なら欲しいと言ってくれている人がいますけど、どうします？」

と伝えるわけです。これで話がまとまれば申し分ありません。

査定価格が決まる前に自分に情報が入るのが理想的。査定価格が決まってから交渉するから、なかなか価格が下がらないのです。

銀行融資のバックグラウンドありきで、その物件を欲しいという親しい顧客には、不動産会社は物件情報をくれる可能性が高い。すぐに買ってくれる人が目の前にいるのが不動産屋は一番うれしいからです。

営業マンになめられないように業界用語をマスターする

営業マンは、話の通じる顧客と話の通じない顧客のどちらに耳寄り情報を教えるでしょうか？　もちろん話の通じる顧客です。業界では常識になっていることをいちいち説明するのが面倒だからです。営業マンからいち早く情報を教えてもらえるようになるには、最低限、不動産業界の「ことば」を理解しなければなりません。ことばとは業界用語です。

どの業界にも業界用語があります。不動産業界でも「重説（重要事項説明）」「個信（個人信用情報）」「マイソク」「レントロール」など、数多くの業界用語が使われています。

不動産営業マンは、会話が成り立たない人をいちいち相手にしてくれません。業界用語が通じるようになっていなければ、表に出る前の情報を教えてくれる訳がありません。

不動産のハウトゥー本はたくさんあります。実は不動産にハウトゥーなんか何もない。基本はマンパワーで成り立っている業界です。だから基本的にハウトゥー本はうそだと思っていい。とにかく場数を踏んで実践で学ぶしかありません。

もちろん最初はわからなくて当然です。不動産会社まわりをして、業界用語を学び、営業マンと対等に会話ができるようになりましょう。営業マンから「この人は小手先のテクニックでだませない」と思わせるくらいの人物になれば、買う価値のある物件の情報を入手できるようになるはずです。

COLUMN

資格取得から入る投資家はたいてい失敗する

不動産投資で有利になるだろうと、宅地建物取引士や賃貸不動産経営管理士、不動産コンサルティングマスター、日商簿記といった資格を取る人がいます。僕が見る限り、資格から入る人はたいてい失敗します。

実地が一番です。銀行や不動産会社をまわって、実地で学ばなければ勘所はつかめません。目に入った不動産会社に飛び込んで、

「最近、このあたりで収益物件の良いのありませんか？」

「どんなのをお探しですか？」

「RCですね」

「RCは今はないですけど。軽量鉄骨の物件だったらありますよ」

「軽量鉄骨……そういう物件ならあるんですか」

といったように実地で学んでいくのが一番の近道です。

ビジネスは留学と似ています。いくら英単語と文法を覚えても、英語を話せるようにはなりません。単身アメリカに留学して、英語漬けの生活を送れば身につきます。

まずは不動産業界に飛び込んでください。

不動産業界って、こういうもんなんだという感覚を身につけましょう。

営業マンは全員疑え！

たとえ優秀な営業マンと仲良くなれたとしても、100%信用してはいけません。ましてや大手不動産会社だからといって、信用できるわけでもありません。会社の信用と営業マンのスキルはニアリーイコール（近似値）ではあると思いますが、完全なイコールではありません。

看板のある不動産会社には行かないよりは行ってみたほうがいいですが、必ずしもそこに信用できる営業マンがいるとは限りません。

とにかく全員疑え。どんなに大きな会社の営業マンでも疑うべきです。これは不動産に限らず、すべての業界に共通することだと思います。

「もしかしたら、ぼったくっているかもしれない」
「もしかしたら、物件がないのにあると言っているのかもしれない」
「自分をキープしておきたいだけかもしれない」
などと仮説をたてることです。

もっとも怖いのは情報の偏りです。

「今でしょ！」の林修先生が話していたのですが、人間が失敗するパターンは決まっているそうです。どんなに偉い人でも、どんなにバカな人でも「**思い込み**」「**慢心**」「**情報の偏《かたよ》り**」の3つが人の足元をすくうというのです。これは歴史が証明していると林先生が言っていました。戦国時代の桶狭間で少数の織田信長軍に討ち取られた大大名、今川義元が一例だそうです。不動産投資でもこれが当てはまると思います。

1人の営業マンの情報には偏りがあります。「この物件は儲かる」というのが自分の思い込みに過ぎない可能性も高い。まずは営業マンの言うことを鵜《う》呑みにせずに第三者にもアドバイスを求めるべきです。

うそつき営業マンを自分の味方にする

あなたは、不動産会社や売り主に儲けさせてあげようと思って物件を買いますか？　それとも自分が得するために買いますか？　不動産投資を始めたばかり、もしくはこれから始める人は、きっと自分のことしか考えていないはずです。

不動産会社も同じです。自分の会社を潤すためにビジネスをしています。みんな自分のことを最優先に考えています。

赤の他人なんてみんな、自分にとって最初は**都合の悪い人**です。自分のことを最初から思ってくれるいい営業マンなんか、世の中に存在するわけがありません。

前述のように不動産業界には、うそつき営業マンがたくさんいます。投資家に求められるのは、そんなうそつき営業マンを自分の味方にできるかどうか。これは究極ですが、信用できない人、ろくでもない人を**いい人に育ててあげる**のです。

やさしい人を考えてみましょう。やさしい人は、あなたに対してはやさしい一面を見せてくれているのであり、必ずしもその人が世の中全員にやさしいとは限りません。

人はルービックキューブと同じです。ルービックキューブは6面あって、色がそれぞれ違います。人も多面的です。どの面をあなたに見せるかです。やさしい一面をあなたに見せてくれているか、どうかです。

たとえば会社にムカつく嫌な上司がいるとします。しかし、その上司は子どもにとってはやさしいパパです。大好きなパパです。上司は根っから悪い人間なのではありません。部下にとっては嫌なやつでも、子どもにとってはいいパパです。相手によって見せる面が違うだけなのです。

これと同じように、営業マンの「**いい人の面**」を自分に向かせるようにするのです。どうすればそんなことができるのでしょうか？　投資家が自分の理念やビジョン、信念をまっすぐ相手に伝えるのです。そうすれば、営業マンもそれに感化されていきます。少しずつ、あなたの味方になってくれるはずです。

僕には、心を許して味方になってくれるかどうかを見極めるタイミングがあります。「うちの社長、とにかく何でもいいから早く契約してこいって言うんですよ……」そんなグチを漏らしてくれるようになったらこっちのもの。あなたの味方になるタイミングです。

営業マンは、日々ノルマと戦っています。時には、心を鬼にして相手のためにならないとわかっている物件を売っているのです。そんな営業マンの思いをくんであげて、「日々大変ですね」と共感してあげるのです。「○○さんの実績が増えるように僕も頑張って○○さんから購入できるよう頑張りますね、応援しますよ」と、相手の意向をくんであげるのです。育てていってあげるのです。

いい人ではない人を、**自分の前ではいい人であろうとする人に変える**のです。

会社そのものは正直、手に負えません。会社は経営者のエゴの塊のようなものです。しかし営業マン個人を、こちらに向かせる（味方にする）ことは不可能ではありません。実際に、僕も会社員時代は自分の営業成績のために売っていましたが、「この人のために」と思えるお客さんに出会うことがありました。

根っからの極悪人でない限り、営業マンはお客さんをだましたいなんて思っていません。心を鬼にして売っています。売らなければ上司に詰められる。だから良い物件だと思ってないのに「良い物件ですよ」と心にもないことを言ってしまうのです。

そんな営業マンを味方に付けるのです。

いい営業マンを探すのではありません。あなたと関わることにより、いい営業マンになってもらうのです。

こんな営業マンは信用するな！

ただし、そもそも信用できない営業マンというのも存在します。

まず、**エビデンス（根拠）がない営業マン**は信用してはいけません。

たとえば営業マンが「売り主さんがこの金額で売りたいって言ってるんです」と伝えてきたとします。それに対して「売り主さんって、おいくつくらいの方ですか？」と聞いてみると、「えっと……」と口ごもるケース。これは売り主から直接話を聞かず、また聞きの情報を伝えている可能性が高い。それでは事実に基づく正確な情報とはいえません。

次に、**あまりにもトークが流暢な営業マン**です。

世の中には息を吸って吐くように平気でうそをつく営業マンがいます。売り主が言ってもいない絵空事を買い主に伝えるのです。

営業という仕事は、うそとハッタリが紙一重のようなところがあります。ただし本人はうそをつきたくてついているのではないケースが多い。たとえば、相手を安心させるために「融資はほぼ通るので大丈夫ですよ」と根拠もなく言ってしまうように。大した物件でなくても「これは掘り出し物件です」と誇張することもあるでしょう。

しかし、**正真正銘のヤバいうそつき**もいます。

うそつきは、何も不動産業界の営業マンに限りません。僕は、いい加減なうそをつく医者に会ったこともあります。

信頼できる不動産営業マンを見つけるのは、極めて難しい。信頼できる営業マンは、絶滅危惧種みたいなものです。東京湾でシーラカンスを釣り上げるくらい難しい。

だから街の不動産会社を自分でピックアップ、査収して徹底的にあたるしかありません。自分の足以外の方法は「紹介」です。ただし、第2章で触れたように、職場の先輩や上司に紹介される営業マンは危険。そうではなくて、税理士や司法書士、銀行員らから評判を聞くことです。不動産業界やその周辺の人たちから「最近、○○不動産は取引が多いよ」「△△不動産は評判がいいね」「あそこの営業は誠実ですよ」といった話を聞き出すのも営業マン探しに有効です。

不動産投資ポータルサイトはあくまでも練習用

不動産会社をまわりながらも、暇なときはつい不動産投資ポータルサイトをチェックすることでしょう。これら「スーモ」や「ホームズ」や「アットホーム」にも収益物件が多数掲載されています。

すでに触れたように、不動産投資ポータルサイトは誰にでも閲覧可能です。そこにお宝物件が掲載される可能性は極めて低い。不動産投資ポータルサイトは、あくまでも見聞、検証、練習、用だと割り切ってチェックしましょう。

不動産投資ポータルサイトを眺めていると、「木造系が多くなってきたな」「鉄筋コンクリート造がちょっと多いということは、このエリアではこういうのがトレンドなんだな」といったことをつかめます。

つまり陳列棚にどんな商品が出ているのかをチェックするくらいでいいでしょう。

ポータルサイトに出てくる物件は、鮮度が下がっているというのが僕の考え。お寿司屋さんでも、「大将のおすすめ」はメニューには載っていません。その日の仕入れによるからです。

なぜポータルサイトに物件を掲載しているかを考えてみてください。

それは、掲載料を払ってでも集客しなければ売れない物件、もしくは不動産屋が集客目的、または売主への「仕事していますよ」のパフォーマンスの物件だからです。ポータルサイトに出さなくても買ってくれる人がいれば、わざわざ掲載しません。

実は、地方では不動産ポータルサイトに掲載されるのを嫌がるオーナーが少なくありま

COLUMN

競売物件には手を出すな！

競売物件というのを耳にしたことがあるかもしれません。これはローンを滞納して銀行に差し押さえられ、裁判所経由で売りに出された物件のこと。市場価格よりも安く手に入れられる手段として知られています。

ただ一般投資家は競売物件に手を出さないほうがいい。勝ち取れる確率が極めて低いからです。

費用はそんなにかかりませんが、時間と労力がかかります。

それに競売になるということは、何か問題があるわけです。その問題は裁判のタイミングでしか教えてもらえません。自分の都合で下調べがしにくい。なおかつ競売物件はボロが多い。ボロボロになっている理由が計り知れない場合が多い。

たとえば、水まわりが劣化してシミができていると思っていたら、躯体がすべてダメになっているといった具合。しかし短期間にすべてを調べられません。

僕の中で競売はギャンブルです。中には掘り出し物件があるのも事実ですが、一般投資家は手を出さないほうが無難です。

せん。というのも、自分が不動産を売ったことを他人に知られたくないからです。

「高値で売れたらしいわよ」

「不動産を売るなんて、お金に困ってるんじゃないの？」

などと、地域であらぬウワサを立てられたくないのです。誰にも知られずに売りたいと考えているオーナーの物件は、ポータルサイトには出てきません。

不動産投資ポータルサイ

トは、あくまでも目利きと腕を磨くための訓練だと割り切ってチェックしましょう。

ローンは10年と35年どちらがいいか？

不動産を買うときに欠かせないのがローンです。サラリーマン投資家の多くは35年ローンを組みます。

ローンは長く組んだほうが月々の返済が少なくなってキャッシュを得られやすい。1棟目ではまずはキャッシュが欲しい投資家が多いでしょう。それなら、35年ローンを組むといいでしょう。

ただし、35年ローンでは残債がなかなか減りません。しかも物件の価値は年々下がっていきます。そうなると、売るのが難しくなるというデメリットがあります。

僕自身は、35年ローンをこれまで一度も組んだことがありません。10年か15年、長くても20年です。

おすすめは、35年ローンを組む代わりに頭金をしっかり入れるというやり方。これなら最初から残債を圧縮できます。**自己資金ゼロなんてもってのほか**です。

ローンの種類は、大きくわけて3つあります。アパートローンと不動産担保ローン、プロパーローンです。

アパートローンは、賃貸経営を目的とした収益不動産用の各銀行のパッケージ型の商品が多いです。

不動産担保ローンは、不動産を担保に借り入れるもので一般的にワンルーム系が多いです。

プロパーローンは、銀行の完全オーダーメイドの融資です。

このほかにもリフォームをするなら、リフォームローンというのがあります。

銀行によってローンの種類も金利も異

返済比較表（月々）

物件価格　100,000,000円

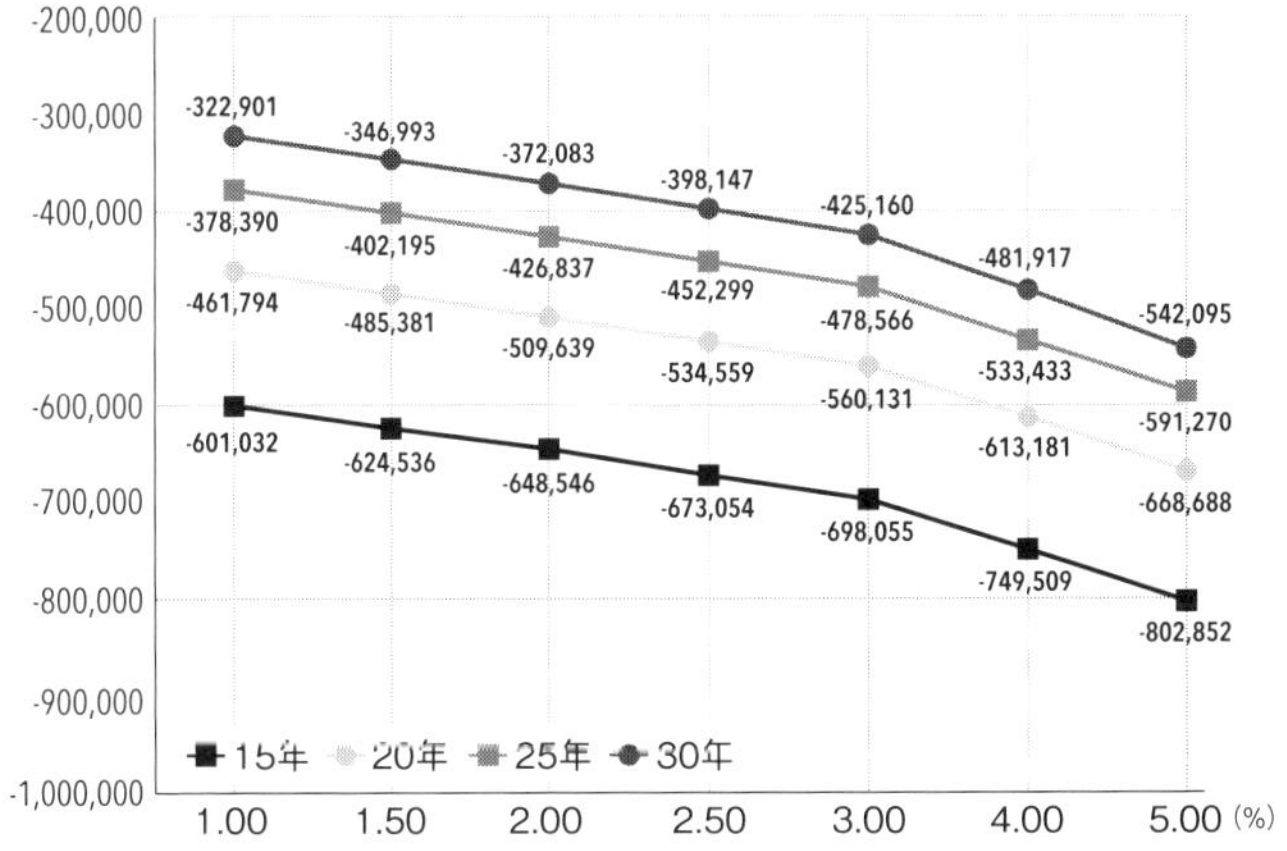

なります。

住宅ローンよりアパートローンのほうが金利は高い。だから住宅ローンを組んで収益物件を購入させる悪徳不動産会社があります。これは**ルール違反**なので、絶対にやってはいけません。住宅ローンは、あくまでも住むための家を買うという目的のためのものです。

これは不動産会社も悪いですが、甘い汁をすすろうとして欲の皮が突っ張らかしている投資家本人も悪い。いずれ銀行にバレて、一括返済の刑を食らうのがオチです。

COLUMN

親から借りるのはNG

不動産投資のために、親から頭金の資金を借りることをすすめる人もいるようです。しかし、自己資金をベースに戦うべきだというのが僕の考えです。

「人がやってくれる系」の投資商品は危ないと述べましたが、投資は他人に依存すると失敗します。社会人として自立しているからには、不動産投資は自分自身で切り拓かなければなりません。厳しい言い方かもしれせんが、親を頼ろうとする人は不動産投資をしないほうがいいでしょう。

キャッシュを増やすか？ それとも資産を形成するか？

資産形成の仕方は、大きく2種類あります。

1つは**キャッシュを毎月貯めていくやり方**です。キャッシュが欲しい人は、利回りが高いほうがいい。

もう1つは、**資産を増やしていくやり方**。

僕はすでに何棟も所有しているので、目先のキャッシュよりも資産を増やすのが投資の目的です。毎月の収支はむしろ赤字ギリギリでもいいとすら思っています。キャッシュを手にするよりも、借り入れの元金を減らすことに振り切っています。だから、ほとんどの融資の返済期間を10年や15年、20年にしています。

ということは、毎月の返済が大きい。しかし残債が減れば減るほど自分の資産になっていきます。10年後、15年後には丸ごと自分の資産になるのです。

僕のように資産形成を目指すのか、それともキャッシュリッチになりたいのか。それによって投資のスタイルが変わります。

ただ1件目の投資では、資産形成ではなくてキャッシュを増やしていくやり方がおすすめです。

なぜなら資産形成を目指すと、手元資金が潤沢にならないからです。最初はキャッシュを毎月10万円でも20万円でもいいから、コツコツと貯めていくほうがいいと思います。

もちろんキャッシュを得ようと思ったら、いくらでも得られます。利回りが6％だろうが、10％だろうが、ローンを35年や40年と長く組んでしまえばいいのです。そうすれば、毎月の返済額を圧縮して**まやかしのキャッシュ**を手にできます。しかし、そればかりに依存すると、元金が減らないから売りにくい。全然自分のものになっていかない。

最初はキャッシュ狙いでいいのですが、徐々に資産を増やす方向にシフトするといいと思います。

第5章

お金を生む優良物件の見つけ方、買い付け方

地方なら利回り10％以上が目安

銀行をまわって不動産会社をまわったら、いよいよ物件選びです。

初めて話すのですが、実は**僕は不動産投資に対して臆病《おくびょう》**なのです。

ただそれをネガティブとは思っておりません。

臆病だからこそ徹底的にいろんな仮説を立てて、検証しないと気が済みません。1000万円の物件でも1億円の物件でも5億の物件でも、完璧に調べ上げます。

僕は物件を買うとき、自分だけで判断しないようにしています。自分だけではバイアス（思い込み）がかかってしまうからです。銀行の人らに第三者的目線で調べてもらっています。

僕はこれまでの人生で、けっこう失敗してきました。

なぜ失敗したのかを振り返ると、ほとんどが自分の思ったことを選択し、行動したときです。先に申し上げたように人は思い込みで失敗します。自分の思ったことではない選択肢のほうが正解に近いことが多いというのが、今のところ僕の答えです。だから第三者的な意見・見解を参考にします。

株なら、ミニ株から始めることができます。これは通常は100株単位での売買なのに、その10分の1の株数で投資できるというもの。株なら少額から練習できるのです。

ところが**不動産投資は一発勝負**です。多くの場合、最初からいきなり数千万円の物件を買います。失敗が許されません。だからこそ、念には念を入れて調べなければなりません。

「表面利回り6％以下の物件には手を出すな」

そう断言する人もいるようです。これ

イールドギャップ表

ネット利回り8%の場合

(%)	15年	20年	25年	30年
1.00	1.08	2.74	3.74	4.41
1.50	0.55	2.21	3.48	3.86
2.00	0.28	1.98	2.91	3.56
2.50	0.00	1.64	2.62	3.53
3.00	-0.29	1.34	2.31	2.94
3.50	-0.58	1.04	1.99	2.61
4.00	-0.88	0.74	1.67	2.27

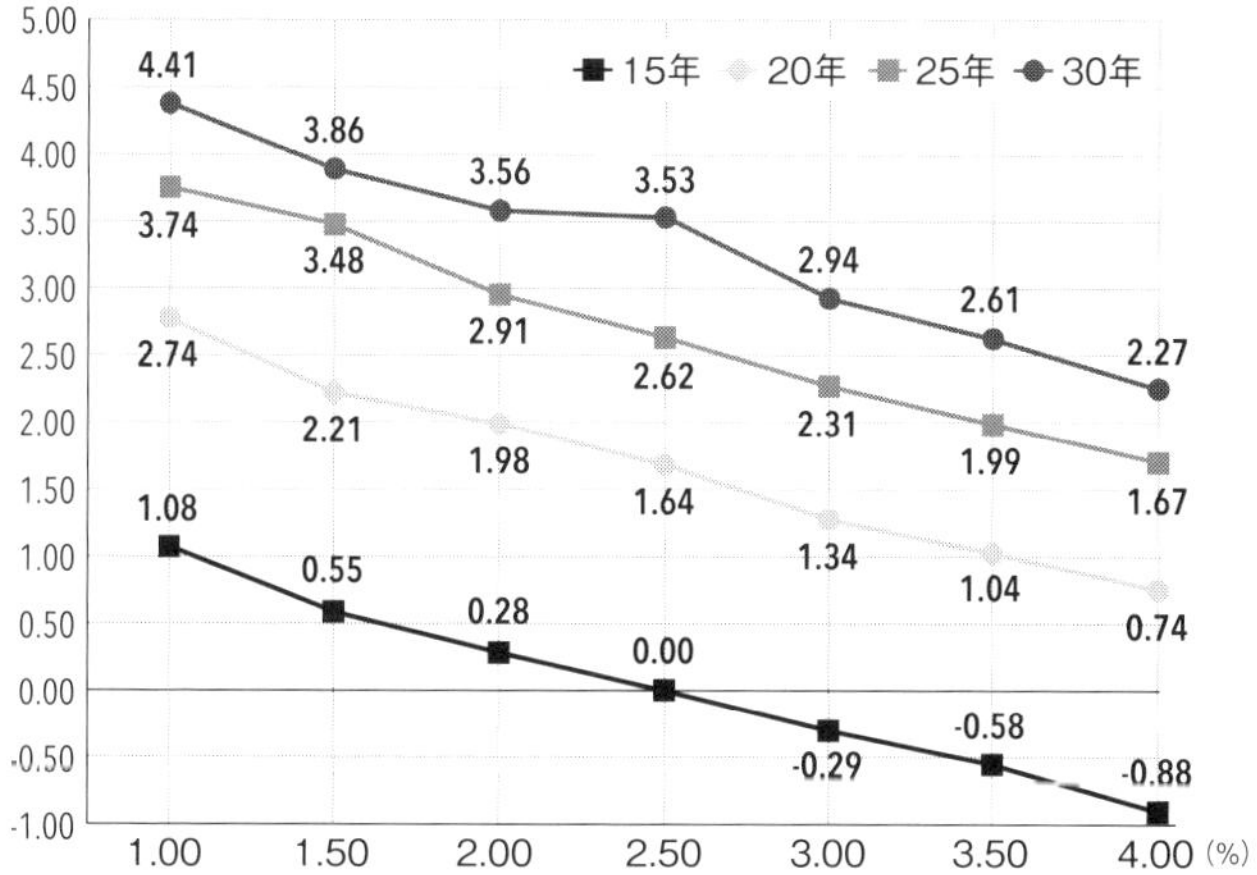

は、都市部の物件を買うことを想定した数字だと思います。地方ねらいの場合、6％どころか最低でも10％前後以上の利回りの物件を選ぶべきです。

ただ、利回りだけに惑わされないようにしましょう。確かに利回りは、物件選びのときのわかりやすい指標です。しかし、表面利回りだけでは見えないことがあります。金利やランニングコストなどを総合的に勘案すべきです。

経済の用語で「イールドギャップ」という指標があります。

これは、**利回りと金利との差**のことです。たとえば利回り10％の物件で、金利が3％だとすると、イールドギャップは10引く3で7％です。利回り10％だからといって、まるまる自分の利益になるわけではないのです。

駅チカがいいとは限らない

収益物件選びのときによくいわれるのが「駅に近い駅チカの物件なら価格が落ちにくい」。確かに駅チカに越したことはありません。

しかし、駅チカ物件のほとんどは土地が狭い。土地が狭いと、相場の坪単価よりも評価が下がる傾向があります。だから一概に駅チカがいいとは言い切れません。高く評価されにくい物件を買ってしまうと、自分が希望する価格で売れない可能性があるのです。

とりわけ僕は地方物件推しです。クルマ社会の地方の場合、駅から近いことは都市部ほど物件価値に直結しません。地方でもターミナル駅から近くて、築浅で評価が高ければ一番いいのですが、そんな物件は競争率が高くてなかなか手に入りません。

徹底的に調べれば、たとえ**駅から遠くても収益性の高い物件**を見つけることはできるのです。

新築ワンルームVS中古ワンルーム

第1章で新築ワンルームを買って後悔している投資家の例をいくつも取り上げました。新築に限らず、僕はワンルーム投資をおすすめはしません。

ワンルームの大きなデメリットは、入居率が0%か100%だということ。1部屋しかないので、空室になれば家賃収入はゼロ。これに対して1棟ものなら、10室あれば2室が空室でも8室の家賃収入を得られます。

ゼロか100の怖さから、ワンルーム投資家はこぞってサブリース契約を結んでしまうわけです。

逆に、不動産会社からすれば**本当によくできている仕組み**です。準備不足で不安な人を「カモさん、こっちだよ」と囲い込む巧みなシステムになっています。

だから中古だろうが新築だろうが、ワンルームには手を出さないほうがいいというのが僕の考えです
ただし、ワンルーム投資だからといって100％失敗するわけではありません。勝てる方法もあります。高値づかみしないのはもちろんですが、頭金を厚く投入する手法があります。

たとえば2000万円でワンルームを買うとします。通常は毎月の返済を圧縮してキャッシュを得るために、35年ローンを組みます。そうではなくて、頭金を1000万円入れて、残り1000万円分を10年ローンにするのです。

こうすれば10年後には残債ゼロになるので、ワンルームで勝てる可能性は高まります。しかし、これは富裕層のやり方なので、サラリーマン投資家には難度が高い。

強いていえば、新築よりは中古ワンルームのほうが勝てる可能性は高い。市場価格で買えるだけでなく、**値段を叩けることもある**からです。

どんな物件でも、結局は市況より安く買えるかどうかが成否を左右します。

僕の結論は、**ワンルームなら新築よりも中古のほうがまだマシ**です。

新築1棟アパートVS中古1棟アパート

ワンルームに限らず、1棟ものでも僕がおすすめするのは断然中古です。

僕自身が毎月買っているのも中古の1棟アパートやマンションです。

新築1棟とは、自分で土地を買って建設会社に依頼してアパートを建てる手法。そんなリスクの高いことをするなんて、僕には信じられません。

もし新築するならば、不動産会社の斡旋に頼るのではなく、自分で建設会社を見つけるべきです。

なぜかといえば、斡旋してもらった建設会社は海のものとも山のものともわからないからです。かぼちゃの馬車事件では、投資家はスマートデイズにまんまとぼったくられていました。

「手付金を払ったのに、工事の人が来なくなったんですよ、木材が届かないんですよ」

といった話は、ちょくちょく耳にします。土地の代金を決済して、建設費の手付金も払った状態なのに工事がストップしてしまうリスクがあるのです。

僕が新築を一度もやったことがないのは、不動産会社はもちろん、建設会社も信用できないからです。

その点、中古なら、すでに建っている物件を自分で調査して買えます。新築と比べれば、**圧倒的にリスクが低い**のです。

新築戸建VS築古戸建

最近は、少額からでも始められる築古の戸建投資が流行っています。たとえば、５００万円で築50年とかのボロボロの戸建を買って、リフォームして貸し出すのです。

これはやってみると痛感させられると思いますが、大きな労力と時間がかかります。

自分でリフォーム会社を経営していたり、ＤＩＹがお手のものだったりすれば、築古戸建投資もありでしょう。しかし自分の得意分野でなければ、手間ばかりかかって利益が出ません。

築古の戸建は、表面利回りが高いケースが多くあります。ところがリフォームや修繕のコストを考えると、一概に儲かるとはいえません。しかも1戸だけなのでワンルーム同様、空室リスクも高い。

だから、戸建の投資そのものを推奨していません。

もし戸建を買うならば、新築よりも築古のほうがいいとは思います。築古の戸建は日本中で余っているので、自分の足で探せばいくらでも見つかるでしょう。

おすすめは「地方・中古・ファミリータイプ」

ワンルーム、1棟もの、戸建と見てきましたが、僕の判定はすべて中古の勝ちです。

新築は、企画開発会社や建設会社、販売会社などが利益を乗せに乗せた状態で販売されることが多い。中には、建設費をぼったくられることもあります。このため新築は利益を上げにくい面があるのです。

ただ、不動産会社は中古でも悪さをするので油断できません。

たとえば、他社で2500万円で売られているような新築ワンルームを5000万円で売り出しても、さすがに割高で売れないでしょう。新築は法外な値段は付けにくい。

ところが、中古は値段があってないような世界。本来は3000万円の価値しかない物件を5000万円で売りに出して、売れてしまうことがありえます。中古だからといって気を抜くと痛い目を見ます。

それでは最初は何から始めるのがいいのでしょうか？

僕の考えでは、**地方の中古1棟アパート**です。マンションでは値が張ってしまいますが、5000万円未満のアパートなら手を出しやすい。

上場企業の年収800万くらいの会社員なら、5000万円くらい借りられるので現実的に可能な範囲です。

僕自身、基本的にファミリータイプ（家族世帯向け）しか買いません。「**地方・中古・ファミリータイプ**」の1LDK以上です。

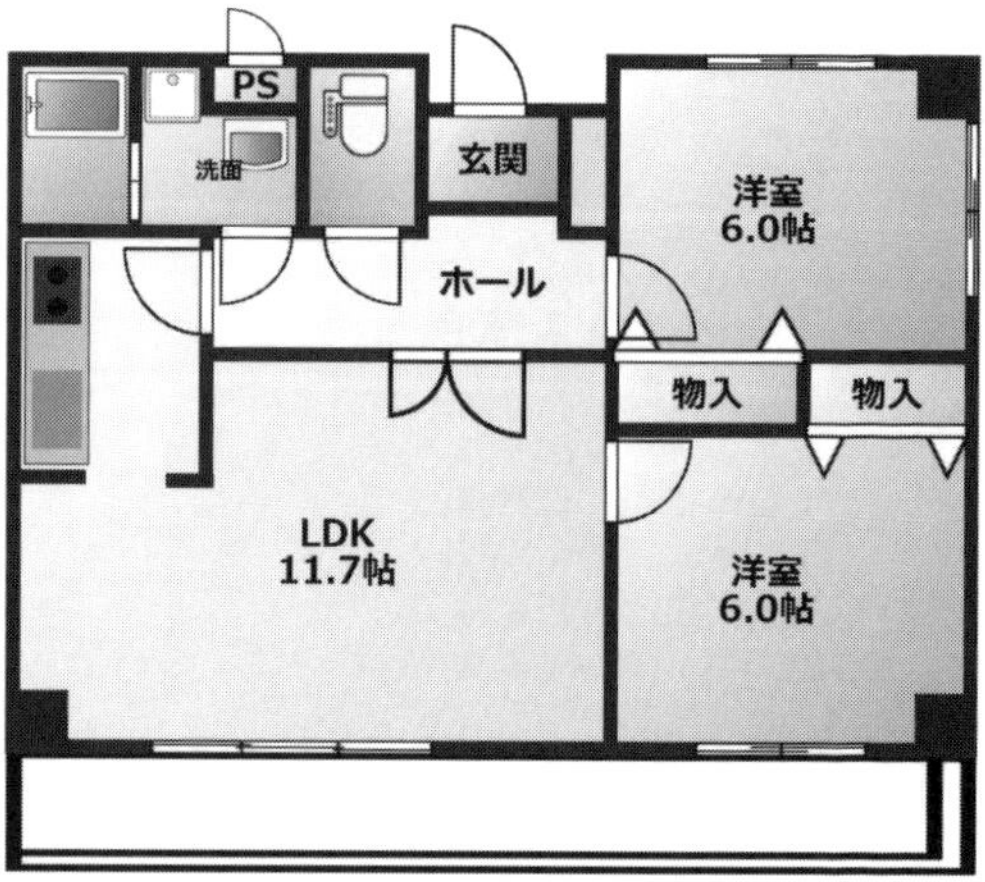

ファミリータイプの間取り例

1LDKだと広さにもよりますが、新婚さんなどの家族世帯が住みやすい。もちろん1人でも住めます。このサイズなら現地での入居者の需要をつかみやすいのです。

僕が所有している物件は、現在大小さまざまで20棟ほど。一番大きい物件はRC6階建て築20年44戸の全室ファミリー物件のマンションです。

あおられても焦る必要はない

物件の内覧に行くと、営業マンがせかしてくることが多々あります。これは投資物件に限らず、賃貸物件を借りるときにも経験したことがある人が多いと思います。

「今日だけで内覧が3件入っています。早くしないと別の人が決めてしまいますよ」

と言われるのはよくあること。

たとえ営業マンにあおられたからといって、あせる必要はまったくありません。そんなにニーズの高い物件だったら、とっくに売れているはずです。一番乗りの一角に食い込めたとしても、そもそもその時点で自分が勝ち取れる確率が低い。

せかされて追いかけるというのは、**ビジネス的に負け戦**だというのが僕の見立てです。自分が相手をせかすならわかりますが、相手にせかされてそれに乗るというのは、**相手が**

優位に物事が進んでいる証拠。これは商売として悪手です。
営業マンにあおられたからといって、あせって買う必要はありません。日本にはゴマンと投資物件があります。あせらず自分主導で選びましょう。

物件を見ずに買うなんてありえない

雨漏りがひどい中古1棟ものを買ってしまった人がいました。僕はその物件を見に行ってみましたが、一瞬で雨漏りのひどさがわかり、身の毛もよだつ思いでした。僕なら市況より安くても絶対に買いません。

通常の漏水なら、まだ想像できます。たとえば3階建ての建物なら、屋上から3階に水が漏れているというのはありえます。ところが、その物件は3階建てなのに、3階をワープしてなぜか2階で水が漏れていました。躯体がダメになっていたのでしょう。屋上から壁の中を伝って2階で水が染み出ていました。

僕は施工会社が気になったので、オーナーに聞いてみました。すると、「中古なので、どこが建てたかわかりません」とのこと。きちんと調べて買っていないのです。僕が調べたら、手抜き工事で名高いL社の物件でした。

L社の物件は、中古で数多く出回っています。しかし銀行はどこも融資してくれません。購入した人は、実は大手住宅設備機器メーカーにお勤めの方でした。つまり、水まわりの専門家です。それなのに漏水を見逃していたのです。


人が亡くなっている物件であることを知らずに買ってしまう人もいます。

事件があったり、人が死んでいたなどの事故物件も1回入居者をはさめば、買い主に伝えなくていいのです。

モラル的には買い主に言わなければいけません。しかし言わない不動産会社があります。そもそも1回はさむといっても、はさんだふりもできます。入退去の手続きを取ればいいだけだからです。

現物を見に行っても、見る目がなければ見逃してしまうポイントはたくさんあります。ましてや現物を見ずに数千万円の物件を購入するなんて、ありえません。

駅からの距離、幹線道路沿いなのか、その道路が一方通行なのか、地形はどうか、南向きか、崖っぷちに建っていないかなど、チェックポイントは山ほどあります。

自分なりのチェック表をつくるといいでしょう。以下にチェックポイントをお伝えしましょう。

物件は雨の日に見に行け！

不動産営業マンは「今日はお日柄がいいですね」と、晴れの日に内覧に連れて行こうとします。

しかし実は、内覧は**雨の日に行くのが理想的**です。

というのも雨の日に行くと、水漏れしているかどうかを確認しやすいからです。晴れの日に行くと、どこから水漏れしているかがわかりにくい。

もっとも水が漏れるは屋上です。きちんと屋上の防水処理がされていて、排水されているかどうか、雨の日なら確認できます。「あれ？　排水ができていないじゃん」というのがわかるのです。ドレインまわりという排水口がきちんと水が流れる状態になっているかどうかは、雨の日に行ってみれば一目瞭然です。

配管から水が漏れているかどうかもわかります。中には、部屋の中に滲《し》みてきているケースもあります。よくあるのがエアコンのダクト（通風管）で、シーリング（充塡剤）の切れ目から滲みているケースです。

建物の前の道路が水没してしまうのもよくあるケース。駐車場が水浸しになっていることもあります。

こうしたことは、雨の日に行かなければわかりません。

内覧でのチェックポイント

情報収集段階では良さそうだと思った物件でも、実際に足を運んでみると、問題が見つかることがあります。ここでは内覧でのチェックポイントをご紹介しましょう。

内覧には、プロの信頼できる営業マンと一緒に行きましょう。

ただ、営業マンがうそを付く可能性もあります。セカンドオピニオン的に助言してくれる、信頼できる第三者を連れて行くのが理想的です。

● ごみ置き場

ごみ置き場が荒れていたり、ごみの分別をしていなかったりする物件には、モラルの低い人が入居している可能性が高いです。

モラルの低い人が入居しているアパートは見れば、すぐにわかります。しかも、そうしたアパートはオーナーも利己的な人の確率が高い。自分さえよければそれで良しとし、住環境が荒れようがその状態を放置しているからです。悪い意味でも類は友を呼び、ひかれ合うのです。

● 水道メーターとガスメーター

不動産会社が「満室です」と言っていたのに、ガスメーターや水道メーターをチェックしたら動いていない部屋があることがたまにあります。だまし物件です。不動産会社に問いただすと、「この資料をつくったときは満室だったので」としらばっくれることでしょう。

● 共用部の掃除や照明

共用部が掃除されていなかったり、照明が切れていたりすることも。管理が行き届いていない可能性があります。いわゆる手抜き管理です。管理会社選定のジャッジメントにも現地確認が必要となります。

● チョーキング

壁などをサッと触ると、指に色が付きます。色がたくさん付くということは、塗ってから5年も10年も経過している証。塗りたてホヤホヤだと、サッと手で触っても色が付きません。ちょっとしたことですが、これで将来かかるであろう修繕コストの想定ができます。

内覧時のチェックポイント

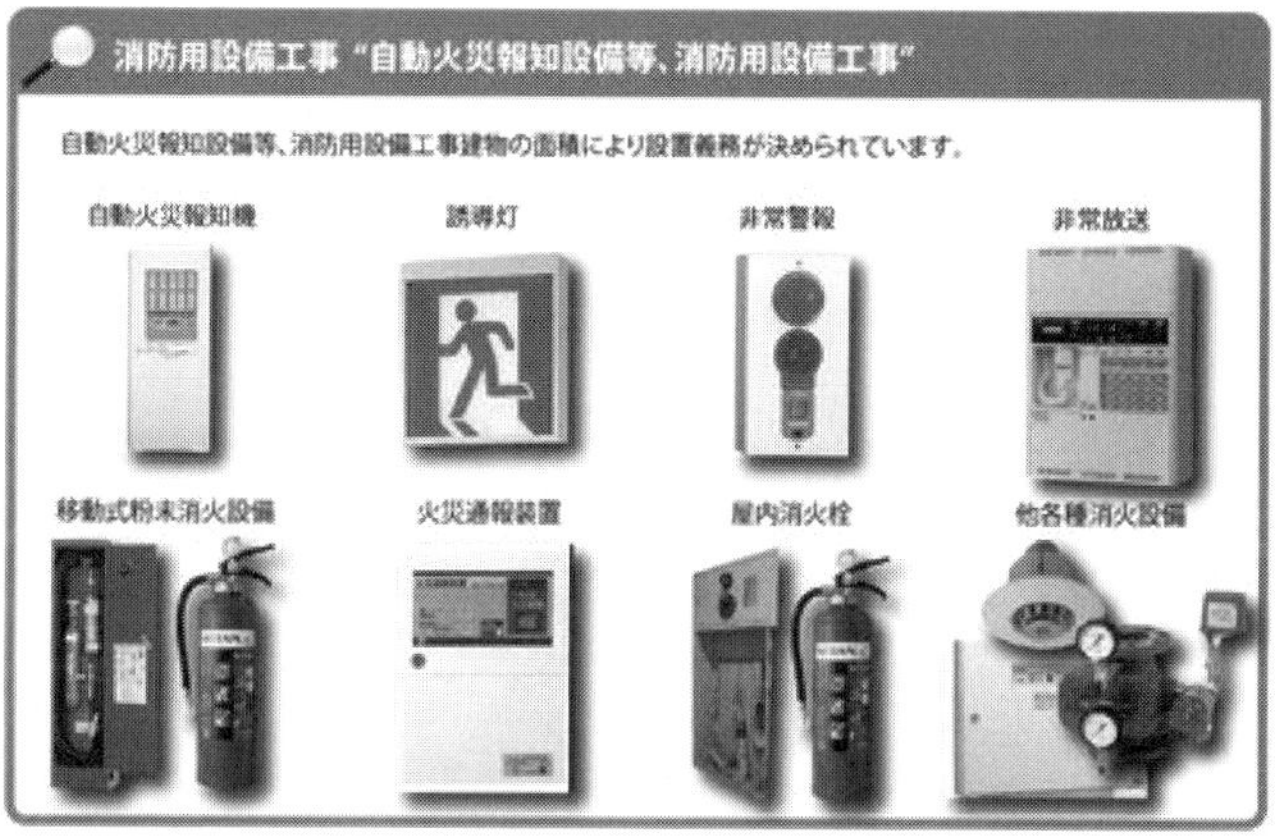

● **火災設備**

消火器をはじめとする消火装置（特に共用部の火災発生警報装置）が正常に作動しているかを確認します。ここを見逃すと後々多額の修理費等のリスクとなります。

● **クラック**

クラックとはひび割れのこと。壁や床などにクラックが入っているか確認します。

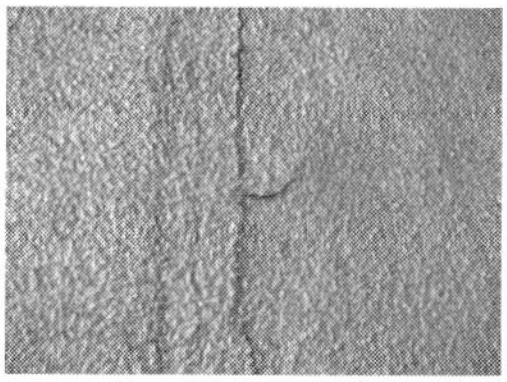

● **郵便ポスト**

郵便ポストがチラシでいっぱいになっていることも。これも管理不行き届きの可能性大。

ハザードマップや周辺環境もチェックする

物件を買うときは、環境もしっかりとチェックします。

たとえば、ハザードマップは要チェック。海に近い低地の物件なら、海抜何メートルかをチェックしておきましょう。

僕は、あえて海抜の低いエリアの物件を買うことがあります。他の投資家が手を出そうとしないからです。その代わり、水に浸かってしまってもいいように、水災保険に入ります。

何が起こっても想定内で終わらせるのがビジネスです。できるだけ想定外をつくりません。

ハザードマップの一例

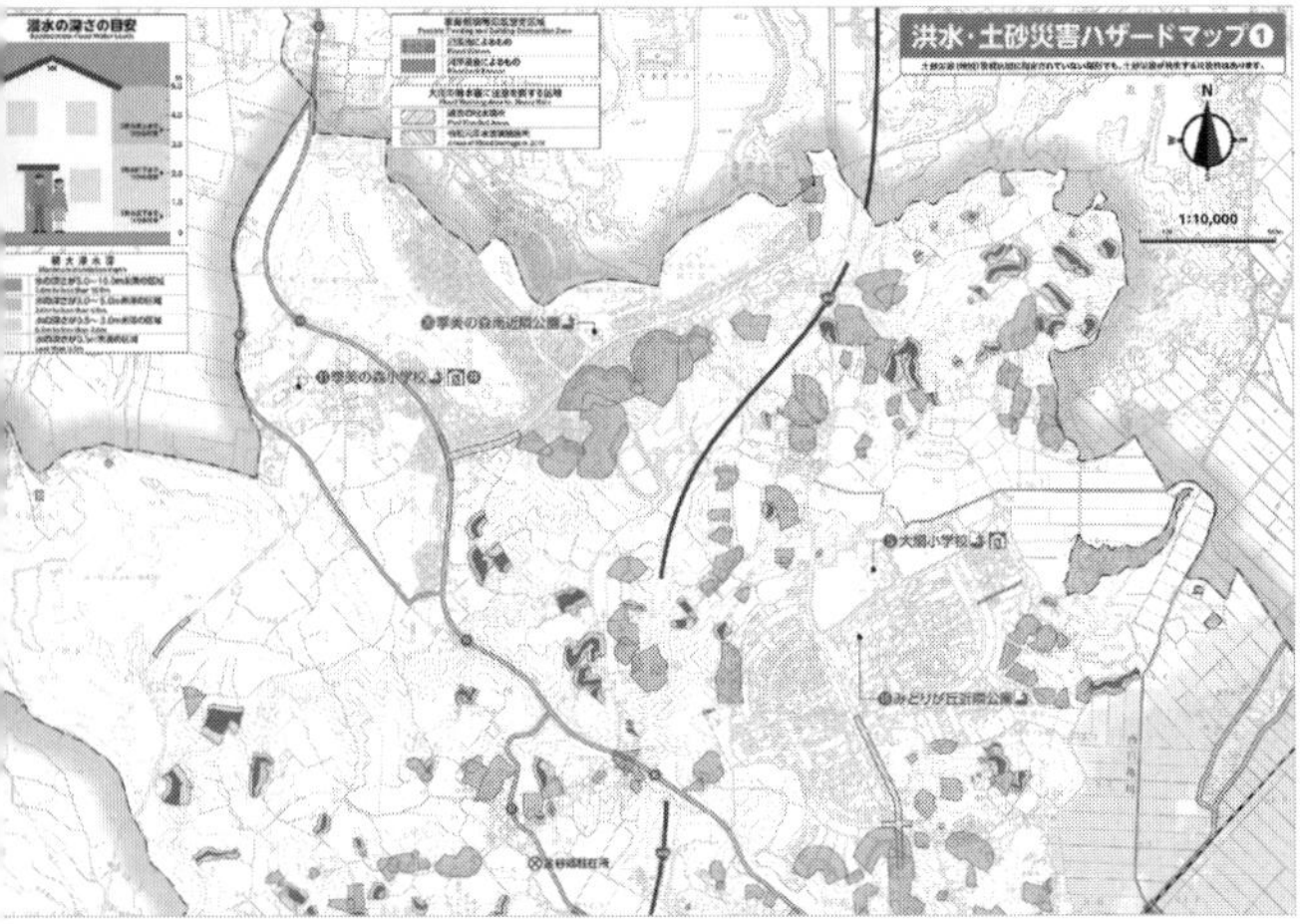

ついでに、まわりにある物件もチェックします。

まわりの物件の稼働率がどれくらいかは調べます。ただ、まわりの物件の稼働率が悪くても、それほど気にしません。自分の物件がきらりと光り、入居者が集まるようにすればいいからです。

自分専用の「ラブレター」をつくっておく

実際に物件を見たうえで、買うと決めたら、**「買付証明書」**を出します。

これは「あなたのことが好きです」という意思表示、つまりラブレターです。

買付証明書は不動産会社によって書式が異なるので、**自分の専用の買付証明書の書式をつくっておく**といいでしょう。

たとえば「反社会勢力（反社）とかかわりがないこと」（近隣を含む）という一文を入れておきます。住人に反社

買付証明書の一例

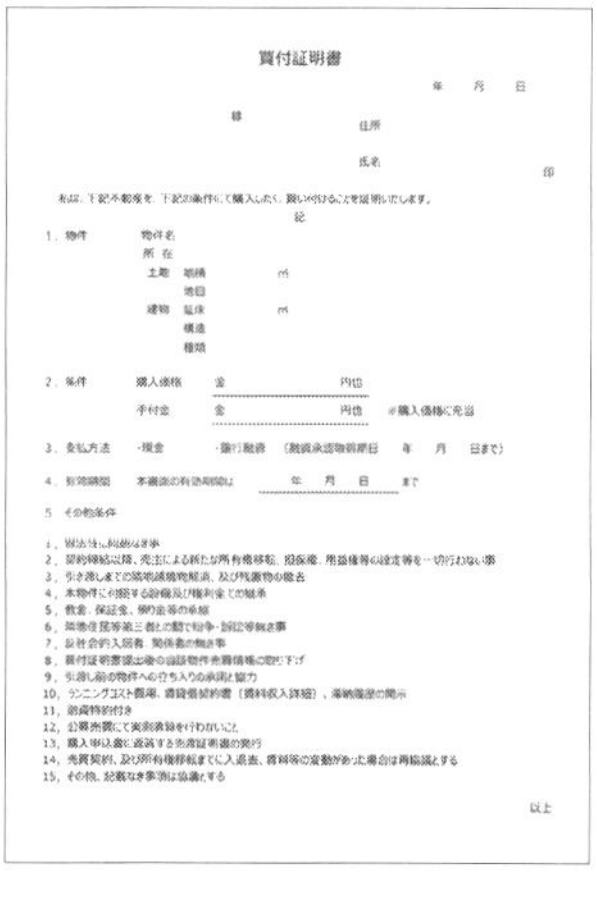

買付証明書

年　月　日

様

住所

氏名　印

[illegible]

記

1．物件　物件名
所在
土地　地積　㎡
地目
建物　延床　㎡
構造
種類

2．条件　購入価格　金　円也
手付金　金　円也　[illegible]

3．支払方法　・現金　・銀行融資　[illegible]　年　月　日まで）

4．有効期限　[illegible]　年　月　日　まで

5　その他条件

1，[illegible]
2，契約締結以降、売主による新たな所有権移転、抵当権、用益権等の設定等を一切行わない事
3，[illegible]
4，[illegible]
5，敷金、保証金、預り金等の承継
6，[illegible]
7，[illegible]
8，[illegible]
9，引渡し前の物件への立ち入りの承諾と協力
10，ランニングコスト概算、賃貸借契約書（賃料収入詳細）、滞納履歴の開示
11，[illegible]
12，[illegible]
13，[illegible]
14，売買契約、及び所有権移転までに入退去、賃料等の変動があった場合は再協議とする
15，その他、記載なき事項は協議とする

以上

がいたり、隣りのビルが反社の事務所だったりする可能性がゼロではないからです。

あるいは、建築基準法に則った検査済証が発行されていることなどを盛り込んでおきます。これらを前提にして契約するという意思表示です。

しかし、これでもまだ不十分です。僕は、売り主に**受渡証明書**を発行してもらいます。

買付証明書を発行しただけでは、売り主がほかの人に売却してしまう恐れがあります。それを防ぐために、売り主から「あなたに売ります」というラブレターももらっておくのです。僕はこれを徹底しています。

売渡証明（承諾）書の一例

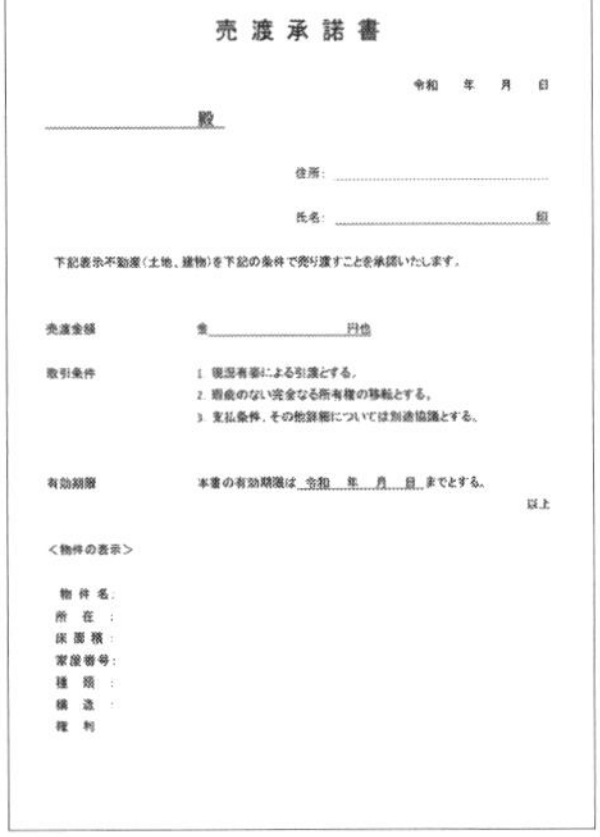

売渡承諾書

令和　年　月　日

殿

住所：

氏名：　印

下記表示不動産（土地、建物）を下記の条件で売り渡すことを承諾いたします。

売渡金額　金　円也

取引条件　1. 現況有姿による引渡とする。
2. 瑕疵のない完全なる所有権の移転とする。
3. 支払条件、その他詳細については別途協議とする。

有効期限　本書の有効期限は 令和　年　月　日 までとする。

以上

＜物件の表示＞

物件名：
所　在　：
床面積：
家屋番号：
種　類　：
構　造　：
権　利

銀行や不動産会社を味方に付けるための種をまく

物件を決めたら、それまでやり取りをしていた銀行に行きます。

「この物件を見に行って問題ありませんでした。物件価格は7000万円です。融資の稟《りん》議《ぎ》を進めてください」と情報をすべて伝えます。

もし買付証明書を出していたら、「7000万円の買付証明書を出しました。このうち融資は6000万円をお願いしたいです、売渡証明書はこれから（いついつまでに）受領します」

と状況を細かく伝えましょう。**これをやらない人が多い**。やらないというよりも、この観点を持っていないのです。

頭金は1～2割が基本。フルローンにはしないこと。オーバーローンはリスクが高すぎて話になりません。

銀行の立場で考えてみてください。「フルローンで目いっぱい貸してください」と言う人には不安を感じるでしょう。頭金を1割入れると言えば、銀行も安心して稟議を書きやすいのです。

そのあとは銀行の稟議、審査結果を待ちます。その間、不動産会社には融資の稟議になっている状況を伝える一方で、買い付けのライバルがいるかどうか、自分は何番手かを必ず確認しましょう。

ここまでやる投資家はまずいません。これだけ下準備をして情報を提供すると、**不動産**

会社も銀行もとても安心します。

不動産会社にいい印象を与えておけば、「もう1人、新規のお客さんが来たけど、不遇男さんはすぐに融資が通りそうだから、その人のことはうまいこと断って不遇男さんに売ろう」となるわけです。

常に自分が有利な状況に持っていくように、種をまいていきます。物件探しの前に銀行を探すのもこのためです。

契約の前に必要書類をすべてチェック

いざ契約の前に、資料がすべて揃っているか確認してください。

具体的には、建築図書や図面、賃貸借契約書、竣工してから今までの修繕履歴などです。

定期的に清掃されているか、管理会社の清掃状況もチェックしましょう。

地方ではまだ下水化されておらず、敷地内の浄化槽で汚水を処理する物件があります。

この場合、浄化槽のくみ取りが適切にされているのか、異臭はしないか、モーターに不具合はないか、受水槽の点検はされているのかといったことを確認します。消火器の取り替えは2年に1回おこなわれているのか、すべて資料が残っているはずです。

こうした資料一式をできれば契約のときにもらいます。それが無理なら、契約のときは写しをもらって、決済のときに原本をもらいます。

ただ、建築図書や図面が残ってない物件がたまにあります。その場合は市役所で建築概要書を入手します。通常は、不動産会社が建築概要書を用意してくれます。といっても、残念ながら2人に1人くらいの営業マンはそのことを知りません。営業マンが知らないようだったら、建築概要書を市役所で取ってくるように頼みましょう。

契約前の段階で、仲介手数料の**媒介契約書**というのが出されます。

その媒介契約書の内容が適切かを確認しましょう。契約書と**重要事項説明書**の確認はしますが、不動産会社との手数料の契約書も確認しましょう。

売り主と入居者の賃貸借契約書もチェックしましょう。

媒介契約書の一例

この媒介契約は、国土交通省が定めた標準媒介契約約款に基づく契約です。

一般媒介契約書

依頼の内容　☑売却・□購入・□交換

この契約は、次の3つの契約型式のうち、一般媒介契約型式です。なお、依頼者は、重ねて依頼する宅地建物取引業者を明示する義務を負います。重ねて依頼する宅地建物取引業者を明示しない契約とする場合は、その旨を特約するものとします。

- 専属専任媒介契約型式
  依頼者は、目的物件の売買又は交換の媒介又は代理を、当社以外の宅地建物取引業者に重ねて依頼することができません。
  依頼者は、自ら発見した相手方と売買又は交換の契約を締結することができません。
  当社は、目的物件を国土交通大臣が指定した指定流通機構に登録します。
- 専任媒介契約型式
  依頼者は、目的物件の売買又は交換の媒介又は代理を、当社以外の宅地建物取引業者に重ねて依頼することができません。
  依頼者は、自ら発見した相手方と売買又は交換の契約を締結することができます。
  当社は、目的物件を国土交通大臣が指定した指定流通機構に登録します。
- 一般媒介契約型式
  依頼者は、目的物件の売買又は交換の媒介又は代理を、当社以外の宅地建物取引業者に重ねて依頼することができます。
  依頼者は、自ら発見した相手方と売買又は交換の契約を締結することができます。

依頼者甲は、この契約書及び一般媒介契約約款により、別表に表示する不動産（目的物件）に関する売買（交換）の媒介を宅地建物取引業者乙に依頼し、乙はこれを承諾します。

年　月　日

甲・依頼者　住所
氏名　印

乙・宅地建物取引業者　商号（名称）
代表者　印
主たる事務所の所在地
免許証番号　（　）第　号

［個人事業主については、「当社」を「当事業者」に読み替えるものとする。］

1　依頼する乙以外の宅地建物取引業者

商号（名称）

主たる事務所の所在地

2　甲の通知義務

一　甲は、この媒介契約の有効期間内に1に表示する宅地建物取引業者以外の宅地建物取引業者に重ねて目的物件の売買又は交換の媒介又は代理を依頼しようとするときは、乙に対して、その旨を通知する義務を負います。

とくに大事なのが滞納者がいないか。保証会社に加入しているか。本当は不動産会社が調べなければいけませんが、調べていない不動産会社がたまにあります。たとえば、8世帯のアパートなら「この8人に滞納している人はいませんか？」と不動産会社に聞きましょう。

ズボラな管理会社の場合は、半分くらい滞納していることもあります。

近年は連帯保証人を付けているのではなく、家賃保証会社の保証を付けていることが多い。1~2カ月の滞納なら、保証会社が払ってくれるので安心感はあります。ただズボラな売り主は気にしていない場合が多いのです。

意外と知られていない「融資特約」付きの契約

期末などの繁忙期で、銀行の融資がなかなか下りないこともあるでしょう。

そのときは、売り主と**「融資特約」**付きで契約を結んでください。

融資特約はローン特約とも呼ばれ、銀行の融資が下りなかった場合は契約を解除できるというものです。この特約を付けていないと、解除のときに違約金を払わなければならないケースがあります。もともと融資特約は売買契約書の中に織り込む特約事項です。銀行の融資稟議の進捗次第ですが、融資承認が下りる前に融資特約を入れて売買契約しておけば、最悪、融資否決でも売買契約を解除することが可能です。

100万～500万円の手付金を払っておく

細かい話ですが、契約のときに手付金を払ったほうがいいと僕は考えています。手付金とは、いわゆる頭金です。

手付金は売り主が個人の場合は制限がありませんが、宅建業者の場合は上限が売買価格の20％。僕は通常100万～500万円の手付金を払います。

売り主が「不遇男さんと契約したけれど、幸男さんに売りたい。幸男さんのほうが500万円高く買ってくれるから」と契約後に言い出すことがあります。このとき売り主側が**手付金の倍額を買い手に払って契約を解除する「手付の倍返し」**という方法があります。つまり手付金を200万円でも払っておけば、契約解除の際に400万円が返ってきます。

逆に「**手付放棄**」というのもあります。

買い手が手付金を放棄することによって契約を解除する手法です。

たまに「手付金はなしでいいですよ」と言う不動産会社があります。しかし僕は払っておいたほうがいいと考えています。

ここでポイントは、手付金は売主の銀行口座に振り込むこと。そうすれば履歴が残ります。昔ながらの不動産会社は「現金で持ってきてください」と言います。でもやめたほうがいい。僕は1000万円の手付金を現金で持っていったことがあります。これは危なくて仕方ありません。

手付金の領収書を必ずもらうようにしましょう。

融資待ちの期間で管理会社探し

あとは銀行から融資が下りるのを待ちます。

この間に、管理を委託する管理会社探しを始めておくといいでしょう。

中古物件なら、すでに管理会社が入っているはず。そのまま継続して契約するか、ほかの管理会社にするか検討しましょう。ここでも実際にいくつか管理会社をまわります。

ついでに地域のことも調べてみてください。どんな企業があるのか、大手企業の工場はあるのかといったことです。つまり入居者の候補を探すのです。

意外と時間がかかるのが公的書類を取ること。印鑑証明や納税証明が必要な場合があるので、決済までに必要な公的書類を確認しておきましょう。

公的書類は銀行との金銭消費貸借契約時に必要となります。

また銀行との契約時には、自分で選定した司法書士にも同席してもらいましょう。理由の1つは銀行と司法書士が連携を取って所有権移転まで進めれば、ミスが起こりにくくスムーズになるためです。もう1つの理由は、もしミスがあったり、自分の見落としがあった場合に客観的に精査ができ、相談や対処法を示唆いただくためで

金銭消費貸借契約の一例

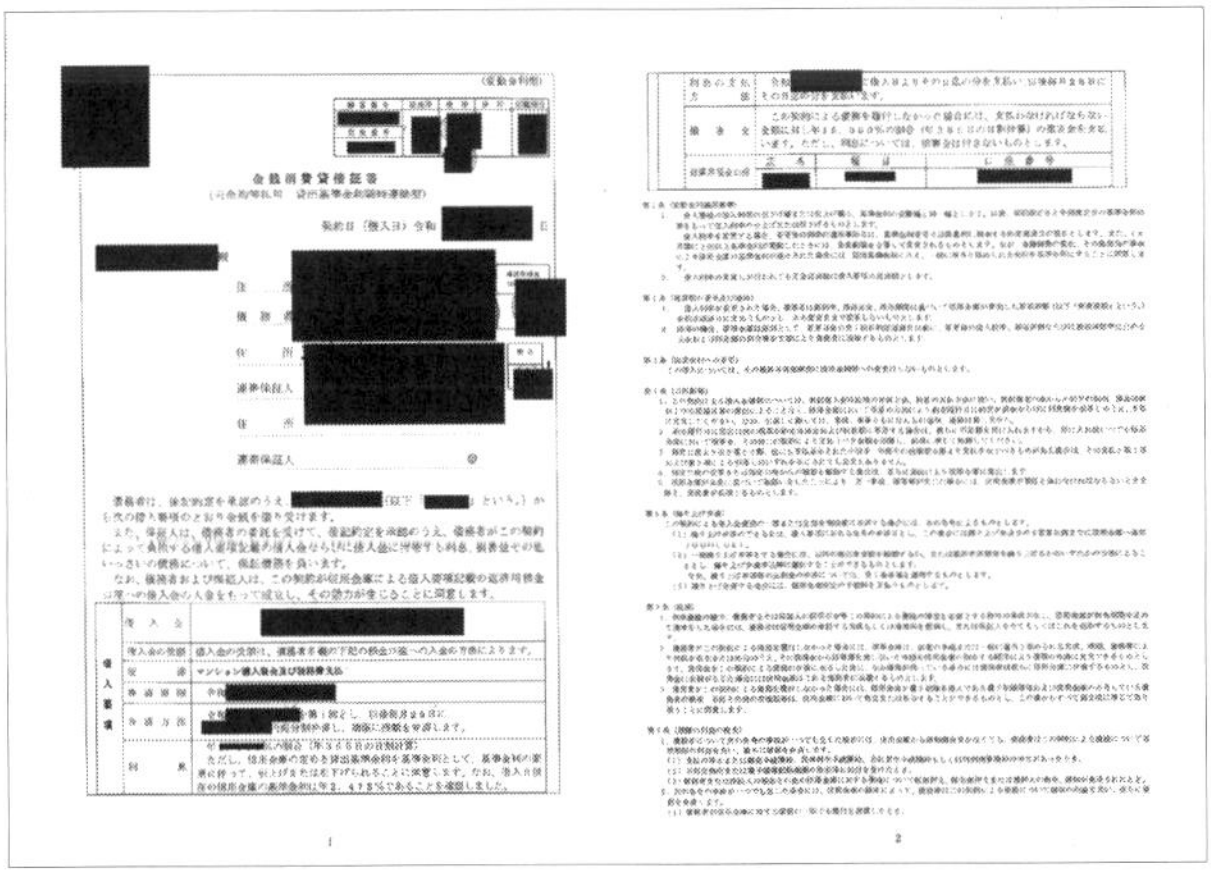

す。

決済が終われば遂に自分の物件に！

決済は、司法書士立ち合いのもと、融資してくれる銀行でおこなうのが一般的です。

銀行が融資してくれたお金を売り主の口座に入金したあと、司法書士が所有権の移転の手続きをおこないます。

これで晴れてあなたの物件になります。

登記原因証明情報はなくさず保管

決済が終わって2週間くらいすると、**「登記原因証明情報」**という書類が送られてきます。これは昔の権利証と呼ばれるものですので、大切に保管しましょう。

お年寄りの多くは、この権利証をなくしています。これがないと将来、所有権移転ができなくなる恐れがあり

登記原因証明

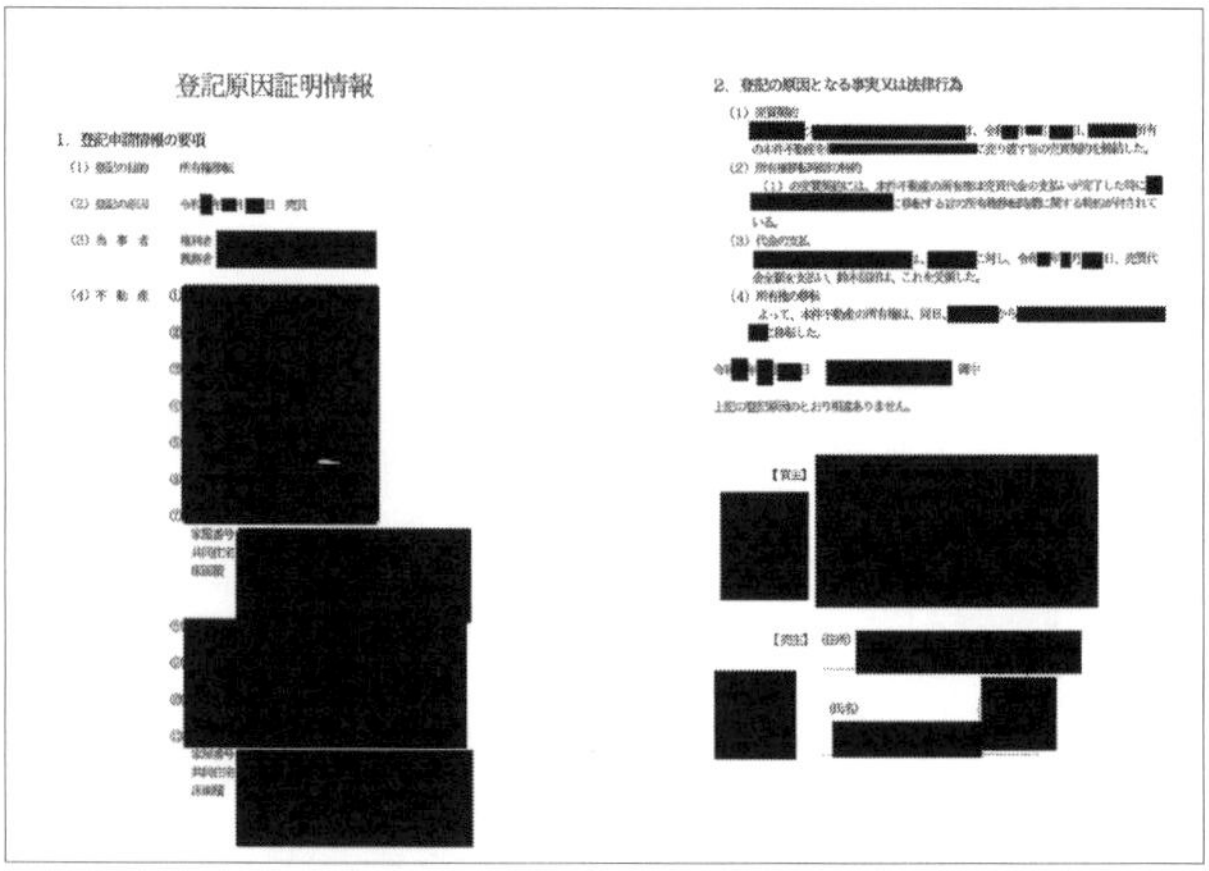

登記原因証明情報

1．登記申請情報の要項

(3) 当事者 [redacted]

(4) 不動産 [redacted]

2．登記の原因となる事実又は法律行為

[redacted]

【買主】 [redacted]

ます。

入居者への通知

所有権を移転する日までに管理会社を決めておきましょう。所有権を移転した日には、旧オーナーと新オーナーの連名で入居者に「オーナーが変わりました」というお手紙を投函します。これは管理会社がやってくれることもあります。また管理会社を変更する場合は、管理移管の手続きもあるので余裕を持って対応しましょう。そうしないと、入居者も困惑し家賃が期日通りに入ってきません。

入居者募集を丸投げしない

買った物件がすでに満室というケースは少ないでしょう。満室の物件なら、オーナーもそう簡単には売りません。空室があれば入居者を募集します。

入居者募集活動は管理会社に丸投げしてはいけません。**適当**にやられてしまいます。

まずは管理会社と一緒に募集図面を作成するところからスタートです。

空室がある場合、**募集図面づくり**を決済までにやっておきましょう。売り主の許可を得て、決済前から募集してもいいくらいです。

街の仲介会社に募集図面を渡しておくと「こういう内覧が来ました」と報告してくる仲介会社もあれば、何も報告してこない仲介会社もあります。

「すみません。私のアパートの空室って、どうなりましたか?」と聞くと、「まだ空室ですよ」と言うだけで何の連絡もしてこない仲介会社がたくさんあるのです。

入居の申し込みが入れば、さすがに「いかがされますか?」と連絡が来ます。僕は、運転免許証と一緒に申込用紙を送ってもらいます。入居候補者の人となりや家族構成、勤め先などを確認するためです。年齢、人相も確認して、周りの入居者にも安心して住んでもらえそうならOKを出します。

一般のサラリーマン投資家の大半は、投資用物件を買ったら管理会社にすべて管理を丸投げします。それどころかサブリース契約を結んでしまうわけです。地元の不動産会社1軒1軒にごあいさつに行く人なんか、ほぼいません。だから、なかなか**空室が埋まらない**のです。

サラリーマン投資家がよく「あの管理会社、ダメだわ」「あの管理会社は全然客付けし

募集図面づくりサンプル_

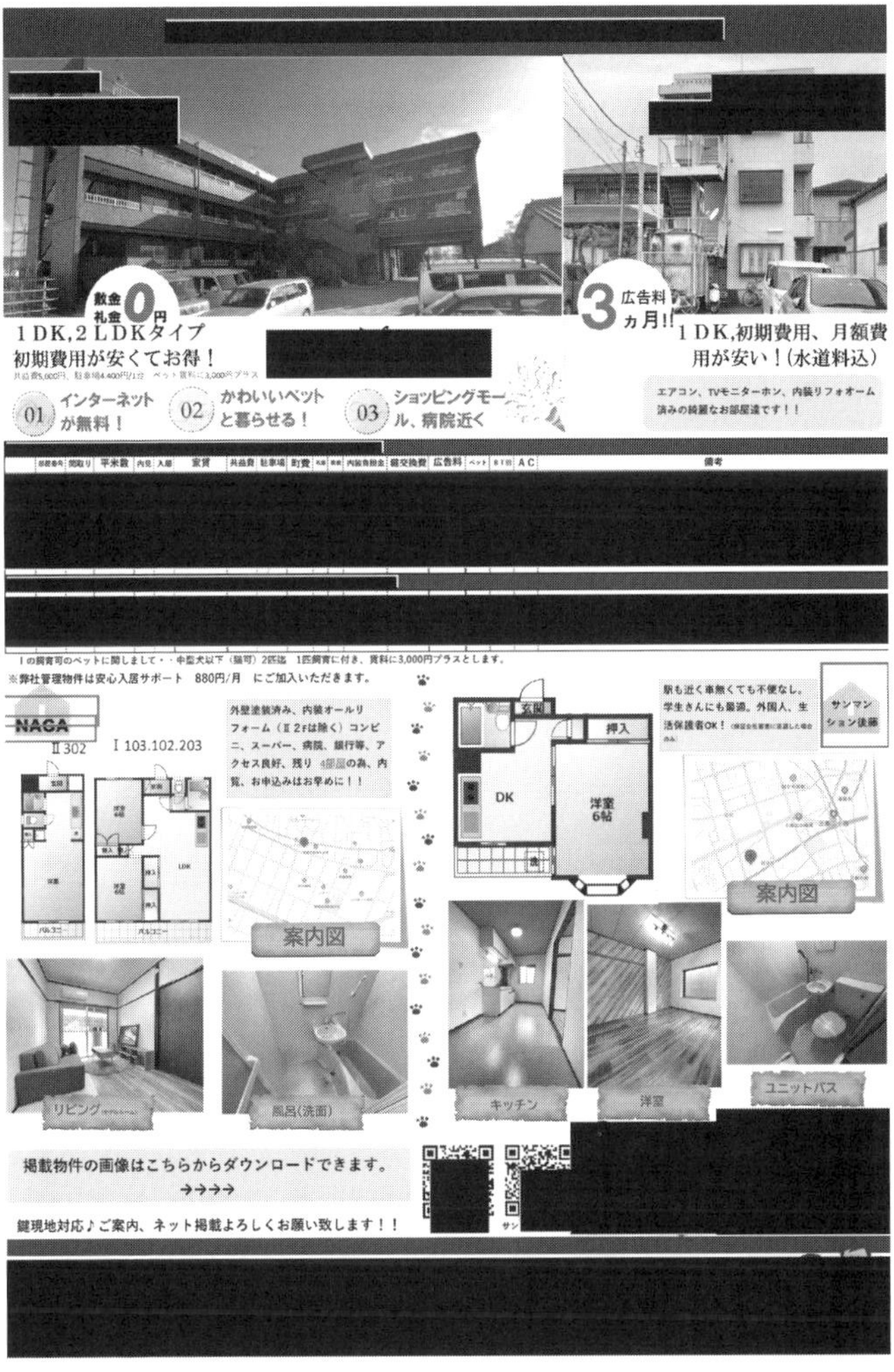

てくれない」と愚痴をこぼすのですが、そもそも観点が違うのです。人任せにせずに、**自分で動く**のです。

管理会社が悪いのではありません。管理会社に仕事をさせることができないオーナーが悪いのです。「なぜ自分は管理会社の人たちをやる気にさせられないのか？」という視点でとらえるべきです。管理会社が動かないのは「**あなたのためには動きたくない**」と言われているようなものです。

流れ星☆たきうえさんのマンション11室をわずか1カ月で満室に！

２０２３年、お笑いコンビ「流れ星☆」のたきうえさんから「逆転の狼煙」に相談が舞い込みました。

たきうえさんは、都内の亀有駅徒歩10分圏内に新築マンションを１億９０００万円かけて建てたそうです。２月20日に完成したものの、３月に入っても14室中11部屋が埋まっていないとのことでした。４月の入学や入社、転勤などを控えた３月は賃貸物件がもっとも動く時期。3月になっても11室も空いているというのは非常事態です。

たきうえさんは、ただ手をこまねいていたわけではありません。前年の12月には管理会社に入居者募集を頼んでいました。そのときは、完成までにすべて埋まっていると目論《もくろ》んでいたそうです。ところが、なかなか埋まらなかったことから、SNSなどで積極的に情報を発信していました。しかし、それでもどうにもならなかったのです。

危機的な状況を何とかしたいという切羽詰まった思いが、不遇男の怪しいビジュアルすらもいとわず、問い合わせてきたのです。

僕は2カ月と期限を決めて11室を埋めることにしました。

マイソク（物件の概要書）の刷新をはじめ、ペット可やキャッシュバックなどプランも工夫して、周辺の物件と差別化していきました。そのうえで地域の仲介会社を小まめにまわって、部屋を探している人たちの反応をヒアリングし、プランを修正していったのです。

その結果、ジャスト30日で11室を満室にしました。

この様子はテレビ番組「ダウンタウンDX」で放送されたので、ご覧になった人も多いのではないでしょうか。

投資家の意識と行動次第で、空室だらけの赤字物件が満室の黒字物件に激変するのです。

COLUMN

なぜ、売り主は優良物件を手放すのか？

もしチャリンチャリンとお金を生み出す優良物件を持っていたら、あなたは手放しますか？　いやいや、それは持っておくよ、と思うことでしょう。

それでは、市場に出てくるのは赤字まみれのクズ物件だけでしょうか？　そんなことはありません。数は少ないですが、優良物件もあります。

しかし、なぜ儲かる物件をみすみす手放すオーナーがいるのでしょうか？

たとえば、オーナーが高齢で資産を整理するために売却するケース。いくらチャリンチャリンと利益を生み出すとしても、賃貸経営は手間がかかります。空室が出れば気をもみます。次の入居者が決まるまでの心労が大きい。「こんな思いは子どもたちにさせたくない」と売却を決めるオーナーがいます。

相続にともなって売却するケースもあります。現金なら分割して相続できますが、不動産はそうはいきません。不動産を売却して現金化し、相続するというわけです。

あるいは地方で優良物件をいくつも保有している資産家が、それらを売却して都内の物件を購入するというケースもあります。

さまざまな事情で優良物件が市場に出てくるタイミング、そのチャンスをつかむのです。

自分主導でこだわってリフォーム

僕は、入居者が喜んで住んでくれるのを想像するのが大好き。

「こんな家に住みたいな」

そう思ってもらえるような物件に変身させるのが不動産投資の大きな楽しみの1つです。

とりわけ女性が気に入るような物件に仕立て上げるのが好きです。

「水まわりがこんなきれい!」

「トイレがおしゃれ!」

と奥さまが喜ぶ姿をイメージしながらリフォームします。

僕は必ず自分でリフォームプランを考えて、工事会社に指示を出します。入居者さんにこの部屋に住みたいと思ってもらうために、エアコンの年式から蛍光灯の明るさまでこだわります。黄ばみがかったコンセントカバーを自分で取り変えることすらあります。住んだ人がコンセントを挿す瞬間をイメージするのです。カバーがボロボロに汚れているのか、きれいになっているのかで心的ストレスは大違い。本当はそこまでしなくてもいいかもしれませんが。

これまで述べてきたとおり、不動産投資は「不動産賃貸事業」の意識がないと成功しません。ビジネス的な視点や顧客満足の視点が入ってないと、賃貸経営は軌道に乗りません。自分が儲かることばかり考えているオーナーの物件に住みたい人はいません。

壁紙がくすんでいても「別に人は住めるから」と言って、そのままにしようとするオーナーは、管理会社にも嫌われます。最終的にお金にも人にも嫌われます。

地方はリフォームで圧倒的な差別化が可能

東京では、物件のスペックが大きくは変わりません。東京ならきれいなリフォームにこだわらなくても、容易に空室を埋められる物件が少なくありません。

ところが地方は事情が異なります。地方の物件はクオリティがピンキリ。まったくリフォームせず、原状回復くらいしかしていないオンボロ物件が少なくありません。少し工夫してリノベーションすると、一気に差別化できるのです。

COLUMN

銀行口座にお金を入れておく

銀行口座のお金がなくなると、ローンの引き落としができません。お金があるのに、不注意で延滞になってしまうのはもったいないことです。

そうならないように、銀行口座にしっかりと余力の資金が入っているかどうかを常にチェックしましょう。また家賃が徐々に口座に貯まってきても、むやみやたらに浪費せず次なる将来の投資、不測の事態に備え、キャッシュは極力貯めていきましょう。

ところが、多くの投資家は物件にお金をかけたくない。自分のキャッシュをプールすることしか頭にありません。まずリフォームして入居者に喜んでもらうのが先ではなく、利益が出たらリフォームしようという順番です。まず自分を満たして、余力が出たら入居者のために何かしようという考えです。

成功哲学ともいえるビジネスの勝利の方程式は、**順番が逆**なのです。

儲かってからサービスを向上させるのではなく、サービスを向上させ、人に喜ばれるから儲かるのです。

持続可能な物件にする「ＳＤＧｓ作戦」

ここまで来れば、もうあとはやることがほとんどありません。それこそ本業の10分の1～20分の1の労力で家賃収入が入ってきます。

賃貸経営には空室リスクがあるものの、そこは自分の工夫次第でカバーできます。

極端な話、家賃５万円で入居者が決まらないのなら、１万円下げて４万円にすればいいだけです。しかし、できれば家賃は下げたくない。家賃を下げると、利回りが下がって売却にも悪影響が出てしまいます。

そうならないようにリフォームしたり、住環境を整えたりして魅力を高め、**周囲の物件との差別化を図る**のです。常にメンテナンスをして、物件価値を向上させます。そうやって、長期にわたって収益が出る物件に育てるのです。いわば、物件を持続経営可能にする不動産投資「ＳＤＧｓ作戦」です。

家賃を下げるよりも、リフォームにお金をかけてでも家賃は維持したほうが長期的には

COLUMN

賃貸経営のリスク

賃貸経営のリスクは、空室以外にもたくさんあります。

たとえば、天災。地震や台風などの災害のリスクがあります。火災の危険もあります。

必ず入らないといけないのが、火災保険です。たまに入っていないオーナーがいますが、危ない。場所によっては、風災や水災の保険にも入ったほうがいい。さらに僕は地震保険を必ず付けるように徹底しています。

大家をやっていると、些細なトラブルは山ほどあります。入居者がうるさくて隣人に迷惑をかけたり、入居者がお酒を飲んで窓から空き缶を投げたり。しかし、それらは小さなトラブルに過ぎません。肝心なのは、大きな失敗をしないこと。それこそ物件購入で失敗したら、リカバリーが難しい。何百万円、何千万円が吹き飛ぶ恐れがあるのです。それだけは避けてほしいというのが僕の願いです。

得します。

というのも、どの道リフォームはいつかはするからです。

退去後に元に戻す原状回復、内装を少し変えるリフォーム、スケルトン化して大幅に変えるリノベーションとレベルは大きく3段階あります。どうせならきれいにしたほうが入居者もオーナーも気持ちがいいものです。そのほうが長期的にも儲かります。

かといって、青天井でリフォームにいくらかけてもいいわけではありません。家賃5万円の部屋を100万円かけてリフォームしたら、いったい何カ月で代金を回収できることでしょうか？　20カ月くらいかかります。60万円以内でやり繰りすれば、12カ月で回収できます。物件の運用が始まったら、オーナーはこうしたそろばんを弾いていきます。

何だか手間がかかって面倒臭そうに感じられるかもしれません。しかし、一度やってしまえば、あとは同じことの繰り返しです。

いったん満室になったら、大した労力がかからずに毎月家賃が送金されてきます。

不動産のプロならわずか2～3年でなれる！

不動産投資は本業と比べて少ない労力で収入を得られることをすでに説明したとおりなのですが、もう1つ、本業とは決定的に違う点があります。それはプロフェッショナルになるまでの時間の短さです。

一般的に、ある分野のプロになるには1万時間が必要だとされています。1万時間というと、早い人で7年。遅い人だと10年かかります。

不動産投資家は、あくまでも事業としてとらえ、不動産賃貸経営のプロ。プロレベルの経営をしなければなりません。しかし、プロになるのにそんなに時間がかからないのです。2~3年徹底的に実地で学べば、相当なレベルに達します。本気でやればプロのレベルに達することも実現可能なのです。

本業の場合、プロになると仕事のレベルは上がるでしょう。しかし、1つの仕事をこなすための工数は大きくは変わりません。

これに対して、賃貸経営はやればやるほど工数が減っていきます。家賃が入ってくるのを待つだけなので、軌道に乗ればやることの数が減っていくのです。トラブルもパターン化されていて、想定内のものばかりです。

退去が出たとき、リフォームの見積もりを取ったり、管理会社と打ち合わせしたりといった作業が発生します。それでも大した労力ではありません。

ただ、アパート1棟目が軌道に乗って2棟目、3棟目を買うとなると、戸数が増えて空室が出たときの対応も増えます。

しかし購入する物件の性質を変えるだけで空室のスパン、工数は変わります。だから僕が買うのはファミリータイプの物件ばかり。単身者は意外と出入りが激しいけれど、ファミリーはそんなに引っ越ししません。入退去のスパンが長くなる分、管理の手間も省けます。

不動産投資で大変なのは、物件を購入して経営を軌道に乗せるまでです。そのための学びの習得、実地経験に時間を費やさなければなりません。しかし、軌道に乗ってしまえば、他のビジネスを体系化するより**極めて効率のいいビジネス**です。

賃貸経営は奥が深くて面白い！

不動産投資には、ビジネスのさまざまな要素がギッシリ詰まっています。多面的なのです。だから奥が深くて面白い！

これだけ奥が深く再現性の高いビジネスなのに、営業マンにすすめられたまま買ってしまうのはもったいない。それでは儲かるはずもありません。

僕は毎月のように物件を買っていても、たまにしくじります。たとえば、買ってから1カ月間で入居者が次々と出ていって、半分くらい空室になったことがあります。「売り主はわかってたんじゃないか？」と疑いたくなりました。

時には失敗することもあるでしょう。それでも、大やけどをしなければ何とかなります。これほど**再現性が高くマネタイズしやすいビジネス**を自分主導で動かしていけるのは、不動産投資ならではの魅力です。

自分が物件を買う街をこよなく愛することです。

「ここだ」と決めた街を愛し抜くのです。

自分が儲かる前に、そこに住む人たちに喜んでもらえる不動産経営を目指すこと。こうした姿勢があれば、不動産投資で大失敗することはまずありません。今の自分の想いは将来の相手の気持ちの写し鏡です。

第6章

不良物件をつかまされない賢い選択

こんな営業マンの一言に気をつけろ！

これまで不動産投資の失敗例をいくつも取り上げてきましたが、ここでは営業マンの危険なトークをおさらいします。次のような営業トークを真に受けないでください。

「不労所得です」「私たちが全部やりますから」

繰り返し説明してきたように、不動産投資で不労所得を手にしようというのは**虫がよすぎる話**です。

賃貸事業が軌道に乗れば、小さな労力で収益が出るようになります。でも決して不労所得ではありません。自分の事業を構築することによる「少労」所得です。

営業マンがよく言うのは「買ってしまえばチャリンチャリンですから」。営業マンのセールストークに乗せられると、チャリンチャリンとお金が入っていく先は、投資家ではなく、不動産会社の懐です。

とりわけ新築ワンルームは物件を見もしないで買う人がほとんど。自分で物件を選ばずして収益を得られるわけはありません。これでは不動産会社の思う壺です。

「サブリースだから安心です」「家賃保証で安心です」

この言葉を信じると、**サブリース地獄へ直行**です。サブリース契約は「言いなり契約」「奴隷契約」といわれているくらい危険。管理会社に一方的に家賃を下げられたり、サブリース契約を解除できずに売ろうに売れなかったりする投資家がたくさんいます。

「生命保険代わりですよ」

不動産が生命保険代わりになるのはウソではありません。ローンを組むとき、団体信用生命保険に加入するからです。これに入れば、もしも本人が亡くなったら、残債は保険で全額まかなわれます。

つまり、残された家族は残債を払わずに不動産を手に入れられます。これが「生命保険代わりになる」ことの根拠です。

だから、家族思いの優しい人が収益物件を買ってしまうことが多い。「家族のためにこれを買っておけば、俺が何かあったら」といった感情です。

しかし、それにしては高くつく生命保険です。保険会社や年齢によりますが、死亡保険2000万円の生命保険なら、掛け金は月々2000円くらいでしょう。それ以外に経費はかかりません。むしろ金額に限度はありますが、確定申告で控除になります。

一方、不動産投資で毎月赤字を垂れ流してしまうと、生命保険としては高く付くことになってしまいます。

生命保険が必要なら、生命保険のために設計された生命保険商品に加入すべきです。ただし個人購入は団信は必須加入です。法人購入の場合には入れません。

「老後の年金代わりですよ」

ローンを払い終わったあとは、家賃収入が丸ごと自分のものになるから年金代わりになるという論法です。

果たして、ローンを払い終えた築35年のワンルームマンションが年金代わりになるでしょうか？　家賃は間違いなく下がっています。それどころか、空室だらけの幽霊マンションの1室になっているかもしれません。

これも生命保険と同じで、年金が不安なら年金商品に加入しましょう。

「節税になりますよ」「税金の還付があるので、毎月赤字でも大丈夫です」

ワンルームは毎月赤字が前提で、税金の還付によって埋め合わせができるという論法です。

収益を得たり、資産を形成するためにやるのが不動産投資です。赤字が前提では投資とはいえません。根本的に、不動産投資に対する考え方自体が事業ではないのです。

年収1000万円くらいのサラリーマンは、ワンルーム経営で赤字が出ても節税効果はほとんど期待できません。節税のことは、年収4500万～5000万円になってから考えましょう。

どうしても節税したいなら、ふるさと納税を活用するのが確実で安全です。

「すごくお得なので、今すぐ決めてください」「相談はしないでください。あなた自身の問題です」

まわりに相談させずに即決させようとする営業マンが多い。

「人のために投資するわけじゃないですよね。あなた自身の問題なので、相談はしないでください。相談するくらいなら、やらないほうがいいですよ」

と迫ってきます。囲い込み商法の典型的パターンです。

「自己資金0円です」「自己資金なしで始められます」

不動産投資は本来、自己資金がないとできません。サラリーマンが不動産投資をやろうと思ったら、ある程度の年収が必要です。なおかつ時間もないといけません。不動産投資に手を出すには、まずは自分の環境を確保する必要があるのです。

初心者がいきなりフルローンで物件を買うのは危険すぎます。購入後に物件価格が下がったら、アッという間に**債務超過**に陥ります。売りたくても、借金だけが残るので売れなくなる可能性すらあるのです。自己資金ゼロ円がよさそうに聞こえる人は要注意です。自己資金を出すことが将来の自分へのリスクヘッジになるという観点でとらえるのです。

「著名な○○さんもやってますよ」「人気ユーチューバーの○○さんもやってますよ」

不動産投資に限らず、さまざまなサービスや商品で芸能人が広告塔になっています。詐欺事件が起きると、たいてい有名人が広告塔になっていることが問題になります。有名人がすすめているからといって、信頼できるとは限りません。

僕のところに芸能人、著名人から相談が入ることがあります。

前述したとおり、完成して1カ月半経っても14室中3室しか埋まっていないという状況でした。しかも、引っ越しシーズンの3月です。これはかなり危機的です。

僕は、ほかにも有名な外国人タレントや女優から相談を受けたことがあります。芸能人も、投資で失敗している人が多いのです。

「あなたは一生社畜でいいんですか?」「社畜から解放されませんか?」

投資関連の広告でよくつかわれるフレーズです。社畜はサラリーマンの不安をあおる鉄板ワードです。こんな言葉に乗ってしまうと、社畜から解放されるどころか、悪徳デベロッパー、怪しいコンサル、搾取目的の**不動産会社の家畜**に転落してしまいかねません。

正しい情報を常にアップデートするには?

せっかく不動産投資を始めるからには、成功したいと誰もが思います。そのためには、不動産の本を100冊読むよりも、不動産会社と関わり、営業マンと一緒に物件の内覧に行くといった実地経験を積むのが最短距離です。本なんてたくさん読む必要はありません。本書1冊だけで十分です。読み終わったら、すぐに銀行にアプローチして自分の融資可能な枠、エリアを調べてください。そしてネットでもよいので物件を探して、自宅から近い場所でもよいので現地を調べて見に行ってみてください。

目を付けたエリアについて深く知り、**土地勘を養う**のです。

たとえば埼玉県の川越市の物件が欲しいなら、川越のことを徹底的に調べるべきです。エリアを調べ、住環境を調べ、立地する企業を調べ、災害リスクを調べるのです。川越から東京に働きに行く人が多いのか、それとも地元の企業に勤める人が多いのか、人の流れも調べるのです。実際に足を運んで不動産会社にも顔を出し、不動産営業マンと会話をしてみてください。すべてが勉強になります。

自分が住むくらいの思い入れを持って調べましょう。そうすれば、「このエリアなら何とかできる」と徐々に自信がついてきます。

いずれにしても物件探しの大前提になるのは、金融機関を選定し、つながりを持つことです。どんなにいい物件が見つかっても、融資を受けられなければ買えません。現在金融庁は不動産担保の融資を引き締めているのか？　それとも銀行が積極的に投資家へ融資する流れになっているのか？　こうした情報は金融機関を通して常に情報を得てアップデートしていきましょう。

怪しい専門家には相談しないほうがいい!?

専門的なことはプロに頼んだほうがいいとはよくいわれます。ところがこれが難しい。本気で不動産投資に打ち込んでいて、なおかつ専門的な知識や経験、情報が豊富な人ならいいのですが、そんな人はまずいません。

それに下手に不動産投資の専門家を名乗る人に相談すると、カモにされる可能性が高い。不動産投資のセミナーを開いているのも専門家、不動産会社の営業マンも専門家。こうした専門家に相談しても、カモがネギを背負って、鍋まで持ってやって来たと思われるだけ。食べられはしないまでも、散々出汁を吸い取られて、出がらしになったら捨てられるのがオチです。

もちろん、中には良心的な専門家もいます。しかし、アドバイスを受けるには、高額の料金を取られるでしょう。

いずれにしても高い授業料を払うことになるのは変わりません。

高い料金を取られるくらいなら、まずは自分で徹底的に調べたほうがいい。専門家に相談するにしても、そのあとにしましょう。

お金を持っているか持っていないかも大事ですが、それ以上に大切なのは本気で人生を変えたいという熱量、エネルギー、覚悟があるかどうか。

この本を読んで「不遇男に相談しようかな……」くらいの感じなら、今までどおりの人生を送っておいたほうが幸せです。

僕はどうしても人生を逆転したかったので、本気で不動産業界で一心不乱に働きました。「オレって、人生逆転できるかな……？」と、おぼろげに考えているだけで逆転できるほど甘くありません。

本気でない人は、**怪しい専門家にカモられるだけ**です。

本気度が高くないと、良い人はあなたの前に現れないのです。本気の人は本気の人を引き寄せるのです。

無料の情報は3回疑え

僕のユーチューブ「逆転の狼煙」は無料で視聴できます。僕は無料相談もやっています。

「ただより高いものはない」とは、よくいったものです。**不遇男の無料相談も疑ってください**。なぜ無料なのか、怪しいと思わなければいけません。僕が言っていることがポジショントークの可能性もあります。不遇男のことも妄信してはいけません。

1つの意見として取り入れてください。

良い物件が存在するのではなく、良い物件に育てる

高収入の夫と結婚したからといって、幸せになれるとは限りません。

美人の女性と結婚したからといって、幸せになれるとも限りません。

理想の相手と結婚すれば幸せになれると思ったら、大間違いです。相手を選ぶことも大切ですが、それ以上に幸せのカギを握っているのは、夫婦で一緒に生活をつくりあげていくことです。結婚した時点で幸せが約束されているわけではありません。

これと同じように不動産投資も、いい物件を見つけたからといって儲かるわけではありません。

その物件を入手したあと、どう料理するかに不動産投資の成否がかかっているのです。

何もしなくても利益を生み出す物件があるなら、誰も苦労しません。そんな物件があれば、見つけた人が他人に紹介せずに自分で買って儲けます。売りに出ていても、買い手が殺到して手に入れるのが困難です。

優良物件を紹介してほしいと思っている人が多いと思います。優良物件を買えば、継続的に家賃収入があって、人生安泰だと思っている人が多い。

しかし何もしないでも儲かる物件なんてありません。結婚生活と同じように、自分自身で良い物件に育てていくのです。

どの物件にも良し悪しがあります。しかしいい物件は高く、いまいちな物件は安い。そんな安易な見定め方では一生物件は見つかりません。メリットとデメリットも条件もすべて含んで市場に物件は生まれているのです。少なくとも高値づかみしなければ、その物件がお金を生み出すかどうかは、育ての親次第なのです。そのためにはまずは目利き、最低限の見定める力を養う必要があります。

「だまされた」と言う人は、本当はだまされていない!?

「不動産会社にだまされた」

「営業マンにだまされた」

不動産投資で大損した人は、たいていそう言います。

しかし、本当にだまされたのでしょうか?

確かに、「儲かりますよ」「節税になりますよ」とすすめられて買ったものの、大赤字で大した節税にもならなかったら、だまされたと感じるのも仕方がありません。

しかし、もし本当に不動産会社や営業マンがだましたのなら、かぼちゃの馬車事件のようにとっくに刑事事件として摘発されているでしょう。

新築ワンルームを買ったつもりが実際には手に入らずにお金だけ取られた、というなら詐欺です。業者は摘発されるでしょう。

しかし、投資のリターンにはリスクが付きものなのは誰もがわかっています。「不労所得」「節税」「年金代わり」といった話に乗っかったのは自分自身です。

投資目的で不動産を買ったのに、アパートローンではなく禁じ手の住宅ローンを組んだとします。銀行にバレて一括返済を求められたとしても、それは業者が１００％悪いのでしょうか？　ズルして儲けようとしたのは投資家自身です。

欲の皮が突っ張っているのは、不動産会社も無知な投資家も同じです。

自分の利益しか考えないあくどい不動産会社がたくさんあります。でもそれもビジネスなのです。

そうした不動産会社から物件を買ってしまうのは、自分だけ楽して儲けようとする投資家なのです。

今はユーチューブに不動産投資に失敗した人たちの動画がたくさんアップされています。「逆転の狼煙」にも登場していただいています。こうした実際に失敗した人たちを他山の石にして、同じ轍を踏まないでほしいと思います。

向こうから訪ねてくる情報には気をつけろ

口が酸っぱくなるほど言いますが、儲かる情報が向こうから近づいてくることは絶対にありません。9割でも99％でもなく、100％ありえません。

「そんなに儲かるんなら、なぜ自分でやらないの？」

これが答えです。

たとえば、宝くじ販売所のスタッフが1等3億円の当選番号を事前にわかっていたとします。そのスタッフが「このくじは当選します。買いませんか？」と他人にすすめるでしょうか？　そんなことはありえません。親にも子どもにも誰にも何も言わず、こっそり自分で買って3億円を手にするはずです。手にしたあとも、口外しないでしょう。

儲け話があるのではなく、自ら学び、開拓し、ネットワークをつくって豊かになるために、その箱を自らつくり、育てていくしかないのです。

高みを目指すなら、甘い汁を吸おうとせず自分でつかみにいくものです。


あなたが相手の事も配慮し、謙虚にかつエネルギッシュに行動しつかみに行くと、不動産会社や銀行が「あの人、こんな物件を探していたよね」とあなたの顔を思い浮かべて、いい情報を流してくれるようになります。

あなたが誰にも負けない熱意で能動的に情報を求めて動きまわって、はじめて耳寄り情報が寄ってくるのです。

逆張りではなく、逆転の発想を

多くの人たちは、最初から**抜け道**を探します。裏ワザやウルトラC、あるいは掘り出し物件を探します。

しかし、裏ワザは表ワザに精通して、はじめて成り立つものです。

一般的なやり方を理解せずに逆張りをねらうと、明後日の方向に進んでしまって市場とズレます。「人を知り、知識を身につけ、経験を兼ね備え、実践するからこそ一般の人たちって、こう考えるよね」ということを把握したうえで、はじめてまわりをアッと言わせる逆転の発想ができるのです。

裏ワザや抜け道を狙う人は、楽しようとしているのが見え見えです。不動産会社は、一般道を通らずに抜け道を通ろうとしている人を待ちかまえています。一般道で落とし穴をつくったら目立ってバレてしまいますが、抜け道ならこっそり落とし穴を開けることができます。

自分は抜け道を通って得したと勘違いした人が、その落とし穴にスポッとハマるのです。最初から抜け道や逆張りを考えてはいけません。一般例を徹底的に理解することが大切です。

その先にあるのは逆張りではなく、自分の先を行く人との立場をひっくり返す逆転の発想です。

不動産は悪魔にも天使にもなる

実は、僕は学生時代、不動産に人生を助けてもらった過去があります。

僕の祖父がやはり経営者で不動産投資をしていました。

現在の不動産投資のように借金してレバレッジかける手法ではなく、現金を突っ込んで土地を買い、値上がりしたら売るというやり方だったようです。

父は教師でしたが、僕が学生のころに突然蒸発してしまいました。それでも母が僕を大学にいかせてくれて弟を育てることができたのは、祖父が残した不動産の家賃収入のおかげでした。ビルや土地、駐車場などがたくさんあったからです。

僕は不動産に救われたのです。

だから僕は不動産に対する感謝の気持ちが強い。不動産は、本当にありがたい存在です。

不動産は、ぞんざいに扱えば人生を破滅させる悪魔になりますが、大切に扱えば幸せを呼ぶ天使にもなるのです。

人生を救う天使になるかどうかは、不動産を持つ人次第なのです。

おわりに

何をやっても中途半端だった

僕は学生時代、社会に出たら何が何でも人生を逆転したいと思っていました。

小さいころから、勉強もできませんでしたし、モテたこともありません。高校時代は強豪校でバレーボールに打ち込みましたが、スタメンにもなれず万年補欠。チームとしても全国大会には手が届きませんでした。

大学受験でも第一志望校にも第二志望にも、第三志望にも受かりませんでした。

一生懸命やった対価が成功だと思っていたのに、何をやっても努力は実らず中途半端だったのです。

大学で就活が始まると、まわりは大手企業の内定を次々と取り始めました。ところが僕には大手企業から声がかかることはありませんでした。数十社落ちて最後に受かったところは当時のブラック最先端企業のみ（笑）。

この差は何なのか？

この惨めな人生、中途半端人生から卒業するにはどうすればいいのか？

僕は、1つだけ勝てる方法を思いつきました。

初任給です。

学生時代はスポーツや勉強での競い合いです。しかし社会に出たら「稼ぐ力」勝負。スタートダッシュで勝つために、初任給が高い会社に入ろうと考えました。

それで唯一内定をもらって就職したのがブラック最先端の訪問販売の会社でした。

僕は訪問販売の会社がどのようなものか知らなかったのですが、入ってビックリ、上司が黒いカラスが白いと言えば喜んでカラスも白いと言わなければいけないという、どブラック企業でした。ひたすら飛び込み営業の日々。休みなんてないのは当たり前。

まわりの同僚たちは「売らされている」とやらされ感を抱いていましたが、意外にも僕は素直に楽しかった。まったく知らなかった人が僕と出会い、縁がつながり、その商品を手にしてくれる。この積み重ねがとても楽しいものでした。

入社して1カ月ほど経ってコツをつかんでからは、退職する最後まで売れ続けました。販売実績日本一も何回も受賞しました。なんなら販売部門歴代最高実績までいただきました（当時から15年ほど経ちますが、いまだに塗り替えられていないようです〈笑〉）。

ブラック業界ではありましたが、訪問販売でトップの成績を残し続けることによって、中途半端だった惨めな人生にひとすじの光がようやく見え始めました。

再び逆転を賭けて不動産業界へ

ところが、僕の前に再び壁が立ちふさがりました。

訪問販売でどんなに売りまくっても年収に限界があったのです。全国トップの成績でも年収2000万円台で頭打ち。休みなく血眼になって全国津々浦々まわって時間、労力、家族、を犠牲にして、たかだか2000万円。

人生、このままでいいのだろうか？

ステージを変えるべきではないか？

そのためには単価を高くするしかない。

それでは単価が高い仕事は何か？

僕の選択肢に上がったのが不動産業界とM&A業界の2つでした。

M&Aは、右も左もまったくわからない。自分の領域、守備範囲からあまりにズレています。

一方、不動産は祖父がやっていたことから身近でした。なおかつ不動産は市場規模が約50兆円と大きい。自分次第で天井知らずの稼ぎを得られる業界だと確信したのです。

就活のときに人生逆転を狙ったように、僕は再び人生の逆転を賭けて不動産業界に身を投じました。30歳過ぎのころです。

僕は人生を変えたかった。

逆転したかった。

だから、純粋に今から人生を逆転したいサラリーマンの気持ちが痛いほどわかります。

心から応援したいと思っています。

お金持ちは本業で成果を出している

僕が不動産業界に入って目の当たりにしたのは、不動産を買ってさらにお金持ちになっていくお客さんたちでした。

お金のあるお客さんは、なぜ不動産を買って、さらにお金持ちになっていくのか？

この仕組みがどうなっているのか？

僕は徹底的に観察し勉強しました。というのも、自分より前を進んでいる人の路線をなぞり、自分もそこに乗ることがお金持ちになる一番の近道だと考えたからです。

僕はそれまで業界を変えれば年収が上がると信じていました。しかし、お金持ちは転職していません。高収入のサラリーマンや当時のお客さんたちを見ていると、与えられた場所で最大限結果を出そうとしていました。

与えられた場所で、どう成長し、どう咲くか。このことをすごく熱心に考えていました。石の上にも3年どころではなく、1つのことを真剣に成熟させていたのです。

片や、お金持ちでない人たちは、与えられた場所に文句ばかり言っていました。「うちの会社は給料が安い」「この業界に未来はない」「○○部長って無能だよね」と、自分がうまくいかないことを人のせい、まわりのせい、状況と環境のせいにしてばかりです。

隣りの芝は青く見えるではありませんが、環境を変えれば自分も変わると思っている人たちは、何をやっても結局は自分が勝てる分野を熟成させられないのです。

不動産を買ってさらにお金持ちになっていく人たちを観察した結果、自分が一度着手した事業や仕事をやり抜いて熟成させたほうが成功率が高いと痛感させられました。

不動産投資の前にやるべきこと

こんなことを言っては身もふたもないかもしれませんが、不動産投資や副業もいいけれど、まずは本業を熟成させるべきです。

本業で上司から頼りにされ、部下からも頼られ、お客さんからも信頼される。そんな存在になって、はじめて不動産投資に手を出すべきです。

本業で結果を出した、その先に不動産投資があるのです。

実際に、大手企業に勤めるスーパーエリートたちに「今の仕事が嫌だから、不動産投資してＦＩＲＥしたいんです」なんて言う人は1人もいません。

株や仮想通貨、物販、副業で失敗するのは、本業がうまくいっていない人が人生をリカバリーしようとしているケースが多い。しかし本当に仕事をやり抜いた人は、そもそも思考が異なります。本業で結果を出している人が、なぜ不動産投資をやろうとするのか。それは本業を補うためではなく、病気や事故など、自分や家族にもしものことがあったときのためです。

これまで不動産投資についてああだこうだと述べさせてもらいましたが、成功の1丁目1番地は、本業を誰よりも真剣に頑張ること。本業がうまくいかないから不動産投資で穴埋めするというのは、本末転倒です。

まだ本業に課題がある人、給料がそんなに高くない人は、ひとまず本業を頑張りつつ、いざ不動産投資をするときのための貯金と勉強、準備を進めればいいのです。

本書を手に取った人が「不動産投資やろう！」と思ってくれたのなら、とても嬉しいことです。不動産投資は時間のビジネスですから、思い立ったら早く始めたほうが有利です。しかし果たしてあなたにとって、それは今のタイミングなのかを改めて考えてみてください。

不動産は自分の分身

「自分がもう1人いれば……」

これは経営者がよく漏らすひと言です。

成功した人は、自分の分身が欲しい。

しかし、自分の分身はつくれません。部下は自分の分身にはなれません。分身になれるくらいの優秀な部下は、いずれ自分のもとから去って独立していきます。

他人は自分の分身になってはくれませんが、不動産は自分の分身となって稼いでくれます。不動産投資は、自分の分身をつくる作業です。

稼いでくれるもう1人の自分をつくる作業なのです。

ということは、1人目が稼げなければ、分身である2人目が稼げるはずはありません。1人目の自分がうだつの上がらないサラリーマンなのに、自分の分身が優秀になるわけはありません。

厳しい言い方をすると、ポンコツの分身はポンコツです。

振り返れば、30代前半くらいまで融資を受けられなかったことが、結果的に僕にとってよかったと思います。

あのころの自分が融資を受けられて、不動産を買っていたら、きっとデキの悪い分身を育てていたことでしょう。

僕は訪問販売時代、高級な時計やスーツ、飲み代に散財していました。自分が大したことないから飾りたかったのです。見栄を張っていたのです。「すごい」と言われたかったのです。みすぼらしい自分の実態、その時の空虚な感情を自己肯定感で満たしたかっただけなのです。よく「若いころはヤンキーだった武勇伝」を語る人がいます。その話、誰のためにしているのでしょうか？　自分のためです。承認欲求、現実から逃れながら自己肯定をして、そのときの感情を満たしたいだけです。

僕は、そんなショボい自分を変えたかったのです。

本業で成果を出し、不動産投資に成功すれば、見栄しかはらない、うそだらけのショボい自分とサヨナラできるのです。

自分のための前に入居者のために

これまで何度もお伝えしましたが、不動産投資は不労所得ではなく、事業です。ビジネスです。

生命保険代わりのビジネスなんて、意味がわかりません。節税のために赤字が前提のビジネスに未来があるのでしょうか？

事業性と社会性に反するようなことは、最初からやるべきではありません。

新築ワンルームがいいとか悪いとかの話ではありません。自分以外の誰も喜ばないビジネスを始めた人の末路は推して知るべしです。

飲食店でも何でもそうですが、まずお客さんに喜んでもらって、はじめてビジネスは成り立ちます。おいしいものが食べたい人のニーズを満たしているから、おいしい料理を出す店は繁盛するわけです。


自分だけいい思いをしようとするビジネスは、いずれ破綻します。


自分は儲けたい。自分は資産形成したい。自分の年金や生命保険の代わりにしたい。節税したい。すべて自分のことだけです。自分が買った物件に入居する人のことなど1ミリも考えていません。

しかし本来、不動産賃貸業がどうやってお金を発生させているかといえば、入居者が住んでくれるからです。より良い住環境を整え入居者が住んでくれるから、家賃をいただけるのです。

そこまで思いをはせないと、不動産投資は成功しません。

ということは、自分が儲かることが先ではありません。

ワンルームだろうが、1棟ものだろうが、入居者に良い住環境を提供するのが賃貸経営です。不動産投資事業です。

このことを理解するだけで、他の投資家より一歩も二歩も先んじることができるはずです。

不動産は逆転のための最強ツール

もし、あなたがまだ不動産投資を始めていないならば、本書を参考にして、あなたの分身であり、頼もしいパートナーとなる不動産を自ら掘り当ててください。

もし、あなたがすでに新築ワンルームを買ってしまっていても、落胆する必要はありません。

一度や二度失敗したからといって、一生カモというわけではありません。

タイムマシンに乗って過去を変えることはできません。

しかし、未来はいくらでも変えられます。

大切なのは、誰が、これからどうするか。どうしていきたいのか。

新築ワンルームで失敗したものの、心機一転、1棟ものを買って成功した人をたくさん見てきました。

「もうあんな失敗はしたくない」

そんな不屈のエネルギーがある人は、勉強の熱量が違います。

新築ワンルームで損したといっても、数百万円程度でしょう。

いくらでも逆転可能です。指標は常に「これからどうするか」なのです。


自分がこれまで経験してきたこと、そして今、まさに自分が不動産に投資して感じていることを実践でまとめました。

しかし僕が読者のみなさんにきっかけは与えられても、人生を変えることはできません。

変えるのは、あなた自身です。

20年、30年と努力してきた人たちをごぼう抜きにするのは簡単ではありません。転職したところで一発逆転は難しい。

人生の大逆転が可能な数少ない手段の1つが不動産投資事業です。

不動産というブースターを味方に付けるのです。自分の力では難しくても、不動産というブースターを味方に付ければ加速度的に先行している人たちをごぼう抜きできる可能性が十分あります。

本書は、あなたにブースターを付けるためのものです。

このブースターを利用して、逆転に向けて加速度的に進んでいけるかどうかは、あなた次第。

逆転のハンドルを握っているのは、あなたです。逆転のアクセルを踏むのはあなたです。

何の才能もなく、どこにでもいるようなサラリーマンだった僕でも、家賃収入1億円を超えることができました。

目標と目的を明確にし、不動産投資をきちんとしたフォームで学び、熱い想いで実践を繰り返せば、家賃収入1億円も夢物語ではないのです。

目標は人それぞれです。スモールスタートからでもいいのです。

まずはスタートを切る心構え、準備、戦略を練り、ビジョンを描き自分の、家族のこれからの人生と向き合うのです。

QRコード

本気で人生を変えたい方は、このＱＲコードからアクセスしてご相談ください。

本気でない方はご遠慮ください。

「逆転の狼煙」の不遇男は、サングラスにマスク、帽子という見るからに怪しい恰好をしています。

それなのに多くの視聴者が信用してくださっているようです。

不動産業者のことを簡単に信じてはいけないのと同じように、不遇男のことも簡単に信じないほうがいいかもしれません（笑）。

営業マンの話を信じて大損した人たちが大量に生まれているのと同じように、もし本書をただ鵜呑みにするだけなら、また一杯食わされるかもしれませんからね。

本書はあくまでも踏み台でかまいません。これからたくさんの営業マンや物件に出会って、現場でノウハウを磨いて実地で経験を養っていってください。

ユーチューブで爆走中！

本書ではすべてを書ききれませんが、世間のイメージである闇多き不動産業界に一筋の光を照らすことができたなら、これ以上の喜びはありません。

そして今度はあなたが自分のこれからの人生と本気で向き合い、誰にも負けない意思と熱意を持って突き進んでください。

僕もまだまだ道半ばではありますが、一足早くステージを駆け上がりました。次はあなたがぜひ、ご自身の人生の逆転を不動産とともにできることを証明してください。それを切に願いつつ、筆をおかせていただきます。

【著者略歴】
不遇男（ふぐお）
経営者。20代のころはさまざまなギャンブルや投資に手を出し、数千万円の借金を抱え、さらには人の裏切りや度重なるパワハラ、モラハラを受け鬱病になる。その後過去の自分を脱却するべく不動産投資を一から学びながら一心不乱に実業に専念し不動産会社を起業する。現在は総投資額20億円以上、20棟以上の収益不動産を保有、また自身のYouTube『逆転の狼煙』で、不動産投資の裏の裏を公開中。

企画協力／吉田浩（天才工場）
執筆協力／山口慎治
編集協力／長谷川華（はなぱんち）

人生が逆転する不動産投資入門

2023年12月1日　第1刷発行

著　者　不遇男
発行者　唐津　隆
発行所　株式会社ビジネス社
〒162-0805　東京都新宿区矢来町114番地　神楽坂高橋ビル5F
電話　03-5227-1602　FAX 03-5227-1603
URL　https://www.business-sha.co.jp/

〈カバーデザイン〉中村　聡
〈本文DTP〉茂呂田　剛（エムアンドケイ）
〈印刷・製本〉モリモト印刷株式会社
〈編集担当〉本田朋子　〈営業担当〉山口健志

ISBN978-4-8284-2580-1

ビジネス社の本

定価1650円（税込）
ISBN978-4-8284-2413-2

図解！「数字の見える化」で絶対もうかる不動産投資

貯金がなくてもできる資産形成!!

張谷 満……著

映える不動産投資の指標がオールイン！

競売不動産の達人　藤山勇司氏推薦！
「一度読めば驚き二度目はうなり三度で得心がゆく不動産投資のあらゆる数値が解明された！」
初心者が不動産から始めるべき理由を大公開！
エクセルひとつで利益が見えた！

本書の内容

第1章　40歳からの不動産投資の心得
第2章　物件を「見える化」して買う
第3章　「見える化」して入居率、利回りをアップ
第4章　収益の「見える化」で調整・管理する